AF389033

LES
PROJECTIONS LUMINEUSES

A L'ÉCOLE, AUX COURS DU SOIR ET EN FAMILLE

GUIDE PRATIQUE

PAR

Réné LEBLANC

PARIS

ÉDOUARD CORNÉLY et Cⁱᵉ, ÉDITEURS

101, RUE DE VAUGIRARD, 101

1904

OUVRAGES DU MÊME AUTEUR

1878. **Mémoire sur l'épaillage de la laine.** Épuisé. — Se trouve dans le *Bulletin de la Société industrielle de Reims*, et, en partie, dans le *Dictionnaire des Arts et Manufactures* de Ch. Laboulaye, 16e livraison.

1879. **Étude sur les eaux de Reims** : Analyse, usages industriels, domestiques, etc. — Purification ; in-8° avec planches, broché.... 1 fr. 50

1880. **Communication au Congrès de l'Association française** : Variation du pouvoir éclairant du gaz pendant son parcours à travers la canalisation. Eau de Seltz ferrugineuse. Epuration des eaux calcaires. In-8° br... 0 fr. 50

1881. **Manipulations de chimie.** *Leçons pratiques* : 150 expériences de chimie minérale et organique ; analyse qualitative résumée en 7 tableaux, d'après Balard, 10e *édition*. Ce petit traité, aujourd'hui épuisé, est remplacé par celui de M. A. Lapresté. In-12, cartonné toile.. 2 fr. »
Librairie André fils, 6, rue Casimir-Delavigne, Paris (6e arr.).
Les sciences physiques *à l'école primaire et dans les classes préparatoires* : LEÇONS DE CHOSES EXPÉRIMENTALES (André fils).

1882. Ire partie. 200 expériences de physique sans appareils, 13e *édition*, 1 vol. in-12, broché.. 1 fr. 50

1883. IIe partie. — 165 expériences de chimie et de physiologie sans laboratoire, 12e *édition*, 1 vol. in-12, broché..................... 1 fr. 50
Les deux parties réunies en un volume cartonné.............. 3 fr. »

1884. **L'enseignement expérimental des sciences** à l'école normale et à l'école primaire. Fascicule n° 4 des *Mémoires et Documents scolaires* publiés par le Musée pédagogique. Épuisé.

1885. **Rapport à la Commission de l'enseignement professionnel** de la Ligue française de l'enseignement. Forme le n° 28 (février 1885) du *Bulletin de la Ligue*.

1886. **Rapport sur le travail manuel** (Congrès international du Havre) et **Instruction spéciale** (Fascicules n°s 5 et 8 des *Documents scolaires* publiés par le Musée pédagogique). Épuisé.

1887
à
1890.
L'enseignement manuel et expérimental. Journal publié à la librairie Gedalge.
Cette publication comprend trois années qui ont été réunies en un volume in-4° de 600 pages, illustré d'un millier de figures, cartonné.. 7 fr. »

1891. **Introduction à l'enseignement agricole.** Leçons expérimentales
de sciences physiques et naturelles appliquées à l'agriculture, culture;
démonstratives, etc. Cours supérieur de l'école élémentaire, cours com-
plémentaire et cours d'adultes ; 7ᵉ *édition*, 1 vol. in-12, cartonnés
216 pages et 110 figures (André fils)..................... 1 fr. »

1892. **La rédaction au certificat d'études** (3ᵉ *partie, sciences*), un volume
en trois parties non vendues séparément, chez Hachette...... 2 fr. 50

1893. **Notice sur les clichés, pour projections lumineuses, d'expériences agricoles.** Cette brochure, illustrée de 20 figures, d'après
photographies sur nature, est adressée gratuitement à qui en fait la
demande aux bureaux de la Ligue française de l'enseignement, 16, rue
de Miromesnil, Paris (8ᵉ arr.).

Enseignement professionnel au degré primaire : écoles élémentaires,
primaires supérieures, normales, cours d'adultes, etc. Documents officiels,
commentaires des programmes (Librairie Larousse, 17, rue Montpar-
nasse, Paris (6ᵉ arr.).

1894. 1ᵉʳ volume. **L'enseignement agricole.** 3ᵉ *édition*. 300 pages in-8ᵒ
carré, 60 photogravures et 4 planches en couleur ; broché ... 3 fr. »
Extrait du précédent, nouveaux programmes commentés .... 0 fr. 95

1895. 2ᵉ volume. **L'enseignement manuel.** 228 pages in-8ᵒ carré, 160 gravures ou photogravures et 4 planches en couleur ; broché.... 2 fr. 50
Extrait du précédent, commentaire des programmes.......... 0 fr. 45

1896
à
1898.
Après l'École. Revue illustrée d'enseignement populaire.
Conférences et documents pour cours d'adolescents et d'adultes ; vues
pelliculaires pour projections, etc.
Les deux premières années ont été éditées chez Larousse, les suivantes
par E. Cornély, 101, rue de Vaugirard, Paris (6ᵉ arr.). Chaque année
réunie en un volume broché.............................. 6 fr. »
Les collections de vues pelliculaires sont à part.

Contribution à diverses publications officielles pour l'Exposition de 1900.

1899. **Enseignement primaire supérieur et professionnel** dans le
RAPPORT DE L'INSPECTION GÉNÉRALE. Se trouve aux archives de chaque
inspection académique.

1900. **Guide du visiteur** à l'Exposition de l'Instruction publique (classe 1),
REVUE PÉDAGOGIQUE de juillet 1900.

1901
et
1902
Rapport du Jury international de la Classe 1 à l'Exposition
de 1900. Un vol. grand in-8ᵒ de 1032 pages, illustré de 344 gravures ou
similigravures.
Cet ouvrage n'est pas en vente, un exemplaire a été déposé dans la
bibliothèque de chacune des écoles normales, des écoles primaires supérieures et aux archives de chaque inspection académique.

1903. **Les projections lumineuses** à l'école, aux cours du soir et en
famille ; un vol. in-16, de 160 pages, illustré de 74 gravures (Librairie
E. Cornély et Cⁱᵉ, 101, rue de Vaugirard, Paris, 6ᵉ), broché. 1 fr. 50
Relié toile, couverture souple, coins arrondis............... 2 fr. »

LES
PROJECTIONS LUMINEUSES

A L'ÉCOLE, AUX COURS DU SOIR
ET EN FAMILLE

GUIDE PRATIQUE

PAR

René LEBLANC

PARIS

ÉDOUARD CORNÉLY et Cie, ÉDITEURS

101, RUE DE VAUGIRARD, 101

1904

PRÉFACE

Depuis une douzaine d'années, les conférences illustrées de projections lumineuses se sont généralisées ; la « lanterne magique » a pénétré au fond des campagnes, parfois jusque dans les plus humbles écoles. On resterait sans doute au-dessous de la vérité en évaluant à 10 000 le nombre des appareils acquis en France, depuis 1890, par les communes, les sociétés d'enseignement, les instituteurs et, en général, les bienfaiteurs des œuvres post-scolaires ; en ces dix dernières années (1894-1903), la Ligue française de l'enseignement, à elle seule, a fourni plus de 3 000 lanternes pour projections à ses adhérents.

Des instructions destinées à guider les opérateurs ont été jointes aux envois du Ministère de l'Instruction publique, de la Société des Conférences populaires, de la Société havraise, de la Ligue, etc. ; on pourrait retrouver aussi, dans les premières années de la revue Après l'Ecole, les indications qui m'avaient été demandées, par les

1

instituteurs, sur la théorie des appareils, leur maniement, la préparation des vues, l'installation de l'écran, le réglage des lampes, sur des expériences diverses se prêtant aux projections lumineuses, etc. Mais ces renseignements étant aujourd'hui épars, et aucune publication spéciale, *Manuel* ou *Guide*, ne les ayant reproduits, j'ai pensé qu'il pouvait y avoir quelque utilité à les réunir, et à les compléter en tenant compte des modifications heureuses apportées récemment dans le mode d'éclairage des appareils.

Les lampes à pétrole dites américaines, à 3, 4 ou 5 mèches, sont de plus en plus délaissées, surtout depuis qu'on trouve partout, à bon marché, de l'alcool dénaturé.

On ne saurait trop conseiller, pour les projections dans les conférences populaires, la substitution des nouvelles lampes à incandescence, qui ne dégagent ni fumée, ni mauvaise odeur, aux lampes à pétrole, dont la puissance a toujours été insuffisante. Ce dernier mode d'éclairage ne sera pas décrit, puisqu'on peut désormais le considérer comme définitivement condamné.

Il ne paraît pas utile non plus de faire connaître aux instituteurs des instruments d'un prix inabordable pour le budget de leur école. Ces instruments sont, du reste, toujours accompagnés de notices détaillées, rédigées par des constructeurs ou des opérateurs habiles, et qui renseignent complètement sur leur emploi.

L'éclairage par l'acétylène sera également passé sous silence. Un moment en faveur, ce système n'a pas eu le succès qu'il mérite ; seuls les expérimentateurs prudents et habitués aux manipulations d'un caractère scientifique l'ont conservé, et s'en félicitent ; les autres n'ont pas su dissiper leurs appréhensions.

Il semble qu'aujourd'hui les sources lumineuses pour les projections scolaires tendent à se réduire à trois : 1° le *gaz d'éclairage*, 2° le *courant électrique*, quand une usine centrale de production peut fournir l'un ou l'autre, 3° dans le cas contraire, c'est-à-dire le plus souvent, l'*alcool dénaturé* au lieu du pétrole.

Dans ce qui va suivre, ces trois modes d'éclairage seront étudiés au point de vue spécial de leur utilisation dans les appareils à projections ; tout d'abord les dispositions essentielles de ceux-ci seront rappelées, ainsi que les conditions à remplir pour un fonctionnement parfait. En outre, la description d'expériences diverses faciles à projeter, et toujours bien accueillies du public, sera l'objet d'un chapitre spécial.

Les projections lumineuses constituent un puissant attrait pour la clientèle des conférences et cours du soir, mais à la double condition d'être bien choisies et bien réussies. Il ne suffit pas d'avoir su se procurer un matériel dont le prix est aujourd'hui à la portée de toutes les bourses, il faut, de plus, que l'opérateur connaisse les moyens d'en obtenir les meilleurs effets : mon but est de les lui indiquer.

Paris, octobre 1903.

R. LEBLANC.

I

APPAREIL A PROJECTIONS

Un appareil à projections lumineuses (*fig.* 1) se compose essentiellement :

1° D'une source lumineuse enfermée dans une lanterne et destinée à éclairer le sujet à projeter ;

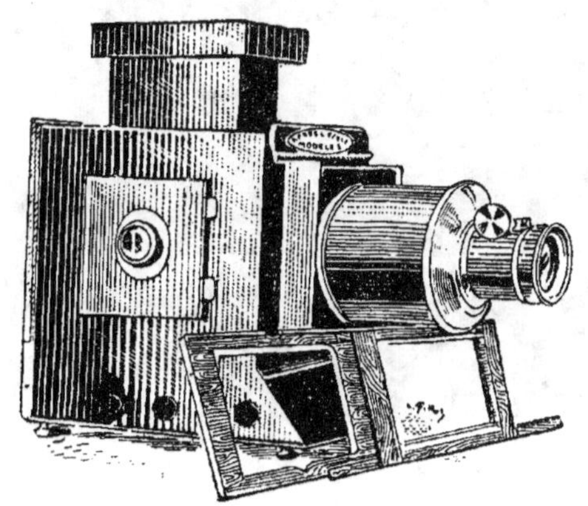

Fig. 1. — Une des lanternes d'**APRÈS L'ÉCOLE**.

2° D'un système de lentilles pouvant donner, sur un écran, une image nette et agrandie du sujet.

Étudions d'abord la disposition de l'appareil, particulièrement celle de sa partie optique.

La lanterne est formée d'une caisse en tôle, plus ou moins solide ou élégante, destinée à enfermer la source lumineuse de manière à ne laisser échapper d'autres rayons que ceux qui traversent les lentilles. Pour le moment, nous supposerons simplement que la source lumineuse S (*fig.* 2) est placée dans une caisse dont

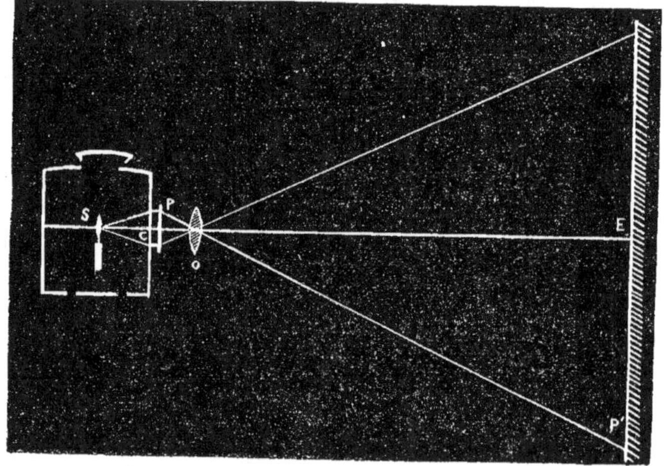

Fig. 2. — Schéma d'une projection.

cinq parois sont opaques ; la sixième porte un système de lentilles convergentes C appelé condensateur, parce qu'il est destiné à rassembler, à *condenser* les rayons lumineux sur le sujet P à projeter, tout en les répartissant uniformément.

L'image du sujet P ainsi éclairé va se former sur un écran E, grâce à un second système de lentilles O appelé ᴏʙᴊᴇᴄᴛɪꜰ, parce qu'il ressemble à l'objectif d'un appareil photographique (*fig.* 1). Cette image est *agrandie*, c'est-à-dire plus grande que le sujet, et *renversée*, ce qui signifie que le point P, par exemple, placé en haut du sujet, apparaît en P′ au bas de l'écran (*fig.* 2).

Pour comprendre le rôle du condensateur et de l'objectif, il faut se souvenir des propriétés des lentilles convergentes ; rappelons-les succinctement.

PROPRIÉTÉS PRINCIPALES
DES LENTILLES GROSSISSANTES

Supposons que la lentille convergente O (*fig.* 3) est parfaite, c'est-à-dire d'épaisseur négligeable, sans aberrations, etc. ; ses *foyers* F et F′ sont équidistants de son *centre optique* O. Dans ces conditions, tout rayon lumineux parallèle à l'axe optique principal AA′ se réfracte, en traversant la lentille, de manière à passer par le foyer ; si donc un faisceau de rayons parallèles à l'axe AA′ tombe sur la lentille, tous les rayons de ce faisceau se croisent au foyer F ou F′ situé du côté opposé. Les rayons calorifiques accompagnant les rayons lumineux venus du soleil, par exemple, se réunissent aussi au point F ou F′, selon le côté d'où ils viennent : une matière combustible placée en ce point s'échauffe et peut prendre feu, d'où le nom de foyer.

Considérons un point lumineux placé au voisinage de l'axe optique AA', en S, par exemple ; ce point envoie des rayons dans toutes les directions, mais nous n'avons pas à nous occuper ici de ceux qui ne traverseront pas le condensateur. Les rayons reçus par la lentille O convergent tous vers un point S', qui est l'*image* du point S. Les deux points S et S' sont dits *foyers conjugués*, ce qui signifie que, si le point lumineux était placé en S', son image se formerait en S.

Pour trouver la position de S', il suffira de construire géométriquement deux des rayons qui, partis de S, se rencontrent en S' après réfraction dans la lentille. Il existe précisément deux rayons de construction facile : 1° le rayon SI parallèle à l'axe AA' qui se réfracte en passant par le foyer F, c'est-à-dire qui prend la direction IF ; 2° le rayon SO, qui, passant par le centre optique O de la lentille, la traverse sans réfraction, par conséquent en ligne droite.

En prolongeant les droites IF et SO, le point de rencontre S' donnera celui de tous les rayons émanés de S après avoir traversé la lentille O : S est donc le foyer conjugué ou l'image de S'.

Un raisonnement analogue appliqué à tous les points de la ligne SK conduirait à cette conclusion : S'K' est l'image de SK.

Cette image est *réelle*, c'est-à-dire qu'elle apparaît sur un écran (une feuille de papier, par exemple) placé en S'K'; et elle est *renversée*.

Les dimensions de l'image S'K' par rapport à l'objet SK peuvent se déterminer par le calcul, elles se déduisent de la relation :

$$\frac{1}{p} + \frac{1}{p'} = \frac{1}{f},$$

dans laquelle f représente la distance du foyer au centre optique O de la lentille ou *distance focale* ; p et p', les distances de l'objet lumineux SK et de son image S'K' au même point O.

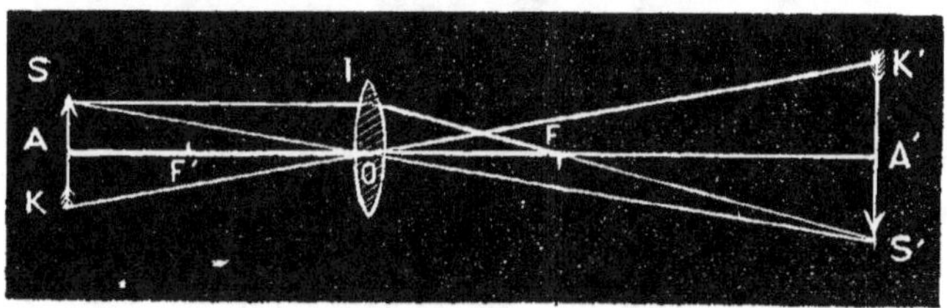

Fig. 3. — Image réelle et renversée.

Évaluation de la distance focale. — Cette relation permet d'abord de trouver expérimentalement la distance focale d'une lentille convergente donnée. D'un côté, on place une bougie, par exemple, dont la flamme représentera la ligne SK (*fig.* 3) ; on promène ensuite, de l'autre côté, perpendiculairement à l'axe AA', une carte ou une feuille de papier formant écran : on trouve une position S'K' où l'image de la bougie renversée apparaît nettement. Il suffit de mesurer les distances AO et A'O, de remplacer p et p' par leur valeur dans la formule précédente, et d'effectuer pour obtenir la grandeur de f.

Supposons qu'on ait trouvé :

$$AO = 15 \text{ centimètres}, \quad A'O = 40 \text{ centimètres},$$

la formule précédente devient :

$$\frac{1}{15} + \frac{1}{40} = \frac{1}{f},$$

ou, en réduisant au même dénominateur :

$$\frac{8}{120} + \frac{3}{120} = \frac{11}{120} = \frac{1}{f},$$

d'où

$$f = \frac{120}{11}, \text{ soit environ 11 centimètres.}$$

On pourrait trouver directement cette distance focale de 11 centimètres. Il suffirait de prendre SK à une distance suffisamment grande pour que les rayons tombant sur la lentille pussent être considérés comme parallèles entre eux ; dans ce cas, après réfraction, ils convergent au foyer même, et la distance p' de l'écran au centre optique de la lentille est la distance focale elle-même.

L'expérience est facile à réaliser si le soleil est visible ; à défaut, on choisit, comme objet lumineux, une maison, un arbre qu'on aperçoit au loin, par la fenêtre ouverte ; de l'intérieur, en arrière de la lentille faisant face à l'objet, on approche ou on éloigne l'écran jusqu'à obtention d'une image nette de l'arbre, de la maison ou du paysage : la distance de l'écran au centre optique de la lentille donne très approximativement la distance focale.

Quand il s'agit d'un système de plusieurs lentilles, par exemple de celui qui constitue le condensateur ou l'objectif, la distance à mesurer est celle de l'écran au centre optique du système et non au centre optique de l'une ou l'autre lentille (Voir p. 13).

Rapport entre les dimensions de l'image et de l'objet. — Ce rapport s'appelle ordinairement *grossissement*.

En se reportant à la figure 3, on constatera que les deux triangles OSK et OS'K' sont semblables ; par suite, on pourra écrire :

$$\frac{SK}{S'K'} = \frac{AO}{A'O} \text{ ou } \frac{o}{i} = \frac{p}{p'},$$

o étant la grandeur SK de l'objet lumineux, i celle S'K' de l'image, p et p' les distances respectives de l'objet et de l'image à la lentille.

Le grossissement g sera représenté par la formule

$$g = \frac{i}{o} = \frac{p'}{p}.$$

Dans cette formule, on peut avoir

$$p < p',\; p = p' \text{ ou } p > p'.$$

C'est-à-dire que la fraction $\dfrac{p'}{p}$ sera supérieure, égale ou inférieure à l'unité et, par suite, l'image plus grande, de même dimension, ou plus petite que l'objet ; en matière de projections, le premier cas est seul intéressant. Toutefois, il ne sera pas sans utilité, dans certains cours d'adultes, de faire constater expérimentalement, aux auditeurs, les propriétés optiques que nous venons de rappeler; le condensateur et l'objectif de l'appareil à projections s'y prêtent fort bien ainsi qu'on va pouvoir en juger.

CONDENSATEUR

Le condensateur d'un appareil à projections est ordinairement composé de deux grosses lentilles plan-convexes, assemblées dans une même monture cylindrique de façon que les sommets des calottes sphériques qui les forment (*fig*. 4, 5 et 6) soient presque au contact l'un de l'autre.

La détermination approximative de la distance focale d'un condensateur se fait, sans difficulté, par l'un des moyens qui viennent d'être indiqués.

Par exemple, on produit, sur une carte ou une feuille de papier, l'image d'un objet lumineux, d'un paysage, vu par une fenêtre ouverte. Il con-

vient de tenir le condensateur (sorti de la lanterne) assez loin de la fenêtre, dans une partie un
peu obscure de la pièce où l'on opère, et de telle
sorte que son axe optique prolongé aille rencon-
trer le paysage ou l'objet dont on cherche à obtenir
l'image. Quand celle-ci est bien nette, on mesure
la distance qui la sépare de la lentille, soit, par
exemple, 5 centimètres; on mesure ensuite l'épaisseur des deux lentilles, c'est-à-dire l'épaisseur totale
du condensateur, soit (*fig.* 5) $ab = 4$ centimètres
dont la moitié est 2 : la distance focale est approximativement de $5 + 2$, ou 7 centimètres.

La puissance éclairante du condensateur varie
en raison inverse de la distance focale; il y aurait
donc avantage à employer un condensateur à court
foyer; mais alors la source lumineuse, qui est aussi
une source calorifique puissante, ferait infailible-
ment éclater le verre d'une lentille qui en serait
trop rapprochée. En général, la distance entre la
source lumineuse et la première lentille du condensateur n'est pas inférieure à 5 centimètres.

Remettons le condensateur en place, dans la
lanterne (avoir soin de le pousser toujours *à fond*
dans la gaine qui le soutient); enlevons l'objectif
et mettons une source lumineuse dans la lanterne,
en SP par exemple (*fig.* 4). La construction de
l'image S'P' se ferait comme pour la figure 3; on
obtiendra réellement cette image en plaçant un
écran à la distance OP'; cette distance se trouve,

par tâtonnement, en promenant une feuille de papier perpendiculairement à l'axe optique dans la direction F'P'.

L'écran de projections étant mis en place ainsi que la lanterne, on pourra montrer une image agrandie de la source lumineuse : il suffira de faire varier la distance PF de la source lumineuse au foyer. On verra très bien la constitution de cette source : le tissu du manchon s'il s'agit d'une lampe à incandescence par l'alcool ou le gaz, le filament éblouissant d'oxyde de zirconium, de thorium, etc., s'il s'agit d'une lampe Nernst.

Cette expérience est une illustration nécessaire de la description de la lampe employée.

Si la source lumineuse est placée exactement au foyer du condensateur, en F (*fig.* 5), les rayons émergents sont parallèles, leur point de convergence est à l'infini, l'image aussi, c'est-à-dire qu'il n'y en a pas sur l'écran ; si, perpendiculairement à l'axe optique, on place une feuille de papier, on reçoit simplement, en tous les points de cet axe situés à droite du condensateur, une sorte de disque régulièrement éclairé, dont le diamètre est celui du condensateur même. Théoriquement, avec un point lumineux comme source, c'est cette condition qu'il faudrait remplir pour obtenir l'uniformité d'éclairement du sujet à projeter.

Pratiquement, on reconnaît que le maximum d'éclat est obtenu sur l'écran, l'objectif étant en place, lorsque la distance PO (*fig.* 4) est un peu supérieure à la distance focale FO ; dans ces conditions, le faisceau émergent pp_1, $p'p'_1$ converge vers P′, c'est-à-dire vers le foyer conjugué de P (*fig.* 4). La condition la plus favorable est celle où P′ se trouve dans l'objectif même et exactement en son centre optique O′ (*fig.* 6).

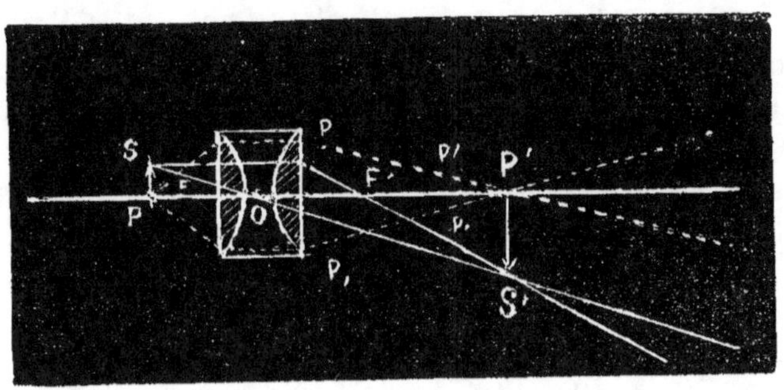

FIG. 4. — Condensateur.

La même quantité de rayons lumineux étant resserrée, *condensée*, occupant un plus petit espace dans la figure 4 que dans la figure 5, il en résulte une augmentation de l'éclat lumineux pour une même surface; nous verrons plus tard comment on en tire parti pour le *centrage ;* notons seulement la conclu-

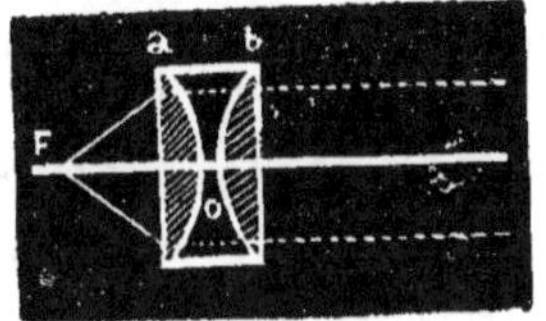

FIG. 5.

sion suivante à déduire de ce fait pour déterminer les dimensions minima du condensateur.

Le sujet à projeter est placé à proximité du condensateur, vers pp^1 (*fig*. 4) ou en CD (*fig*. 6). Supposons qu'il s'agisse d'un cliché photographique dont la partie transparente est un carré de 7 centimètres de côté ; ce carré ne peut être inscrit dans un cercle qui aurait un diamètre inférieur à 10 centimètres, par conséquent la section du faisceau lumineux, à l'endroit où se place le châssis à vues, c'est-à-dire vers pp^1 (*fig*. 4) ou en CD (*fig*. 6), ne pourra avoir un diamètre inférieur à 10 centimètres ; et, comme le faisceau est convergent, la lentille d'où il émerge devra avoir un diamètre un peu supérieur.

Les vues photographiques à projeter ont une dimension uniforme : 8 1/2 $\times$ 10 centimètres ; mais il est rare que les marges n'en ramènent pas les parties utilisables au-dessous de 7 centimètres pour le plus grand côté. Il en résulte qu'un condensateur dit de 103 est le plus souvent suffisant; néanmoins, pour les raisons précédemment exposées, un condensateur de 110, *a fortiori* de 115, est préférable à celui de 103 millimètres.

Au delà de 115 millimètres, l'augmentation du diamètre des condensateurs est superflue, du moins pour les lanternes ordinaires de projections utilisant des vues de 8 1/2 $\times$ 10 centimètres.

Un condensateur est réputé de bonne qualité si son diamètre est suffisant, si le verre de ses lentilles est limpide, de teinte franchement blanche et non verdâtre, exempt de bulles dans sa masse et de fêlures intérieures ou extérieures. La disposition des deux lentilles plan-convexes indiquée (*fig.* 4, 5 et 6) est généralement adoptée ; elle diminue suffisamment les aberrations et les inégalités d'éclairement.

OBJECTIF

Dans un appareil à projections lumineuses, l'objectif est la partie principale, c'est aussi la plus délicate. Tandis que le rôle du condensateur, formé de deux lentilles A, B (*fig.* 6), est uniquement

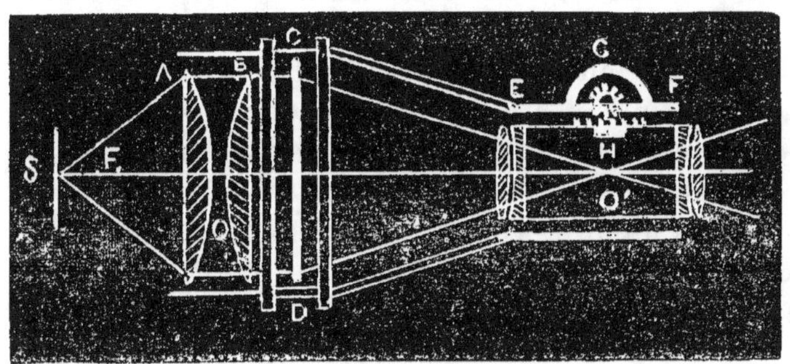

Fig. 6. — Condensateur et objectif.

d'éclairer le sujet, celui de l'objectif, constitué par deux assemblages E et F, de deux pièces chacun, est de produire, sur l'écran, une image agrandie et nette du sujet placé en CD.

2

Il importe, si l'on démonte l'objectif pour une cause quelconque, de remettre chaque lentille à la place qu'elle occupait, et dans le même sens.

Les deux morceaux de la double lentille F sont collés ensemble, on ne peut donc changer les faces en contact; mais il conviendra de remarquer, comme la figure 6 le montre, que le côté convexe est tourné en dehors.

Les deux parties de la lentille E sont, au contraire, séparées par un anneau métallique d'une épaisseur de 2 à 3 millimètres; l'une de ces parties est plan-concave, c'est donc une lentille divergente; l'autre est biconvexe, la face de moindre courbure se trouvant la plus proche du condensateur.

Les deux lentilles doubles E et F sont montées dans un même barillet qu'on peut avancer ou reculer en manœuvrant un pignon G qui engrène dans une crémaillère H : on peut donc, du même coup, augmenter l'une des distances p ou p' (AO ou A'O, *fig.* 7) et diminuer l'autre, ce qui permet facilement de *mettre au point*, c'est-à-dire de trouver la position exacte pour laquelle l'image projetée sur l'écran apparaît avec le plus de netteté.

Grossissement. — On a vu (p. 11) que le rapport $\dfrac{i}{o}$ de la grandeur de l'image à celle de l'objet s'appelle grossissement. Dans le cas présent, la valeur de ce rapport ne dépend en aucune façon du condensateur, dont le rôle unique est d'éclairer le sujet à projeter ; elle dépend essentiellement de la distance focale de l'objectif et de la distance de celui-ci à l'écran. C'est ce qu'indique implicitement la formule suivante déjà donnée (p. 11) :

$$g = \frac{i}{o} = \frac{p'}{p},$$

dans laquelle la valéur de p est de bien peu supérieure à celle de f, c'est-à-dire de la distance focale de l'objectif.

Le grossissement g sera donc d'autant plus grand : 1° que p' sera plus grand ; 2° que p, par conséquent f, sera plus petit.

La distance focale peut se mesurer par l'un des moyens indiqués (p. 10) : elle est ordinairement comprise entre 10 et 15 centimètres pour les objectifs photographiques généralement adaptés aux lanternes à projections.

Supposons que, pour produire une image nette avec l'appareil dont nous nous servons, le sujet, l'objectif et l'écran soient disposés comme l'indique la figure 7, et que les distances mesurées soient les suivantes :

AO $=$ 125 millimètres,   A'O $=$ 4 mètres.

Remplaçons, dans la formule donnée page 9

$$\left(\frac{1}{p} + \frac{1}{p'} = \frac{1}{f}\right),$$

les quantités p et p' par leur valeur, nous aurons, en prenant le millimètre pour unité :

$$\frac{1}{125} + \frac{1}{4\,000} = \frac{1}{f}.$$

En effectuant, on trouve, pour la valeur de f, 121 millimètres ; nous constatons donc d'abord que la valeur de p n'est pas bien supérieure à celle de f.

En remplaçant par leur valeur p et p' dans la formule du grossissement, et en effectuant, nous aurons :

$$g = \frac{4\,000}{125} = 32,$$

ce qui veut dire qu'une ligne droite, par exemple, qui aura 1 centimètre de longueur sur le sujet à projeter, sera représentée par une droite de 32 centimètres sur l'écran.

On peut le constater expérimentalement de la manière suivante : sur une plaque de verre à cliché (8 1/2 $\times$ 10 centimètres), on colle un carré de 1 centimètre de côté taillé dans du papier opaque, et on le projette sur l'écran ; l'image obtenue est un carré de 32 centimètres de côté, dont la surface est, par conséquent, de

$$32 \times 32 = 1\,024 \text{ centimètres carrés.}$$

L'agrandissement linéaire obtenu a donc été

de 32 ; l'agrandissement en surface a dépassé 1 000.

L'amplification pourrait être augmentée encore, tout en se servant du même objectif : il suffirait, comme l'indique la formule, d'augmenter la distance p', c'est-à-dire d'éloigner davantage l'écran de l'appareil. Mais l'amplification a une limite ; à mesure que la dimension de l'image s'accroît, l'intensité lumineuse diminue.

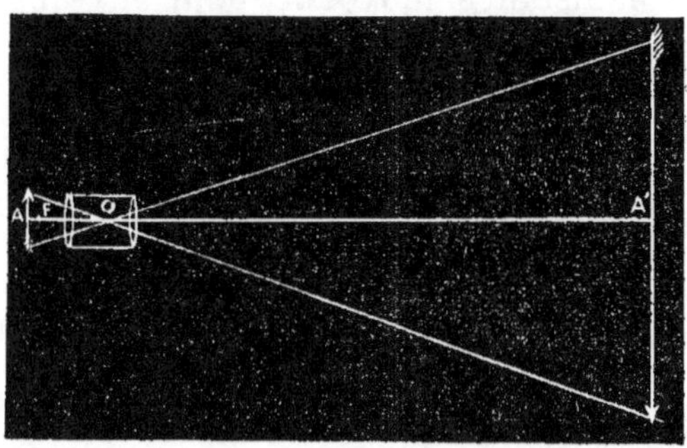

Fig. 7. — Grossissement sur l'écran.

En effet, les rayons lumineux qu'arrête l'écran viennent sensiblement d'un point unique O (*fig.* 7); la surface éclairée croît proportionnellement au *carré de la distance* à l'écran, c'est-à-dire que si la surface éclairée sur l'écran est d'un mètre carré, par exemple, à un mètre de distance, elle atteint 4 mètres carrés à 2 mètres, 9 mètres carrés à 3 mètres, 16 mètres carrés à 4 mètres de distance; et ainsi de suite. Les surfaces recevant la même quantité de lumière sont donc successivement 4,

9, 16 fois plus grandes, et un seul mètre carré de chacune d'elles reçoit par conséquent $\frac{1}{4}$, $\frac{1}{9}$, $\frac{1}{16}$ de la lumière totale, c'est-à-dire 4, 9, 16 fois moins que quand l'écran est placé à 1 mètre. Il convient donc de disposer l'écran à une distance de l'appareil telle que l'image soit suffisamment agrandie et reste suffisamment lumineuse : 4 mètres est une bonne distance moyenne pour les appareils ordinairement employés dans les écoles.

De deux objectifs différents placés à égale distance de l'écran, celui qui donne la plus grande amplification est aussi celui qui a *le plus court foyer*, c'est-à-dire la plus petite distance focale. Mais, comme cette dernière distance diminue en même temps que le rayon de courbure des faces de la lentille, celle-ci devient d'autant plus petite que son foyer est plus court; or une lentille de quelques millimètres de diamètre ne peut réfracter l'ensemble des rayons lumineux venus d'un objet de plusieurs centimètres placé au voisinage de son foyer (*fig.* 7).

Les lentilles à fort grossissement, c'est-à-dire à très court foyer, ne pourront donc servir qu'à la projection d'objets très petits : l'objectif dans lequel on les emploie le plus souvent s'appelle MICROSCOPE POUR PROJECTIONS, il en sera question plus loin (p. 151).

De ce qui précède, on peut conclure que les qualités optiques d'un appareil pour projections sont les premières à rechercher s'il s'agit d'un achat. L'acquéreur devra donc s'assurer d'abord que le condensateur et l'objectif remplissent les conditions précédemment indiquées et, à cet effet, il procédera aux opérations suivantes :

1° **Condensateur.** — Retirer de sa gaine le barillet renfermant les deux lentilles, mesurer le diamètre de celles-ci, évaluer la distance focale de leur ensemble, et la noter pour savoir d'avance à quelle distance, à peu près, la source lumineuse sera placée.

Démonter les deux lentilles, en examiner la transparence et la limpidité. En les regardant de champ, c'est-à-dire dans le sens de la plus grande dimension ou diamètre (*fig.* 8), on juge plus facilement de l'intensité de la teinte verdâtre du verre. On refusera les lentilles qui présenteraient soit une teinte trop verte, soit des bulles d'air dans la masse, soit des fêlures. Enfin, on donnera la

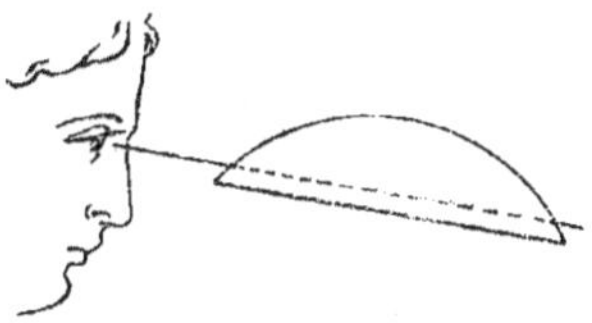

Fig. 8. — Examen des lentilles du condensateur.

préférence au plus grand diamètre (11 centimètres au lieu de 10).

2° Objectif. — Evaluer sa distance focale ; examiner la netteté et la clarté de l'image obtenue en réalisant l'expérience indiquée page 20. Mais ce n'est là qu'une première indication, et elle est insuffisante ; pour arrêter son choix en connaissance de cause ou pour accepter un appareil envoyé à l'essai, il est nécessaire d'examiner, sur l'écran, la netteté des projections qu'il permet d'obtenir.

On s'assure d'abord que la photographie positive à employer pour l'essai présente une égale netteté de détails, au centre et sur les bords. On fait ensuite la même constatation au sujet de l'image projetée sur l'écran placé à la distance moyenne, c'est-à-dire à 3 mètres 1/2, 4 mètres au maximum, de l'objectif : une photographie de 6 centimètres au carré, par exemple, donnera une image d'environ un mètre et demi de côté ; en outre, cette image doit être *lisible*, pour une vue normale, à 5 ou 6 mètres de l'écran et présenter sensiblement la même netteté au centre et sur les bords.

On suppose naturellement que l'intensité de la source lumineuse, employée pour ce dernier essai est suffisante, c'est-à-dire au moins égale, en tout cas, à celle d'une lampe américaine, à 4 ou 5 mèches, bien préparée ; on suppose aussi que les dispositions de la salle permettent d'y obtenir une obscurité complète.

Pièces accessoires. — La partie métallique de la lanterne (coffre en tôle, cheminée, montures des lentilles, etc.), le châssis à vues, les divers accessoires pour le centrage de la source lumineuse et la mise au point de l'image, appelleront aussi un examen particulier.

En général, les constructeurs se préoccupent trop de l'*apparence* de leurs appareils; sous prétexte de rendre une lanterne plus élégante, plus *vendable*, en réalité pour qu'elle fasse plus d'effet à l'étalage, ils la décorent de fioritures d'un goût douteux, obtenues en gaufrant, en découpant ou en trouant la tôle; il en résulte souvent que la lumière, qui devrait s'échapper uniquement par le condensateur, filtre de divers côtés, sur les murs, le plafond, le plancher, au grand détriment de la netteté et de l'intensité *relative* de l'image projetée.

Il ne faut pas oublier que la netteté et l'acuité visuelle, pour le spectateur, sont choses relatives quand il s'agit d'une projection en chambre noire ; elles dépendent surtout des deux conditions suivantes :

1° L'écran doit être uniquement éclairé par les rayons venus de l'objectif, ce qui veut dire d'abord que l'unique foyer allumé pendant la durée de la projection doit être enfermé dans la lanterne, et, en outre, que cette dernière doit être close de manière à arrêter tout rayon lumineux pouvant sortir autrement que par l'objectif.

2° L'œil du spectateur ne doit être impressionné que par l'image obtenue sur l'écran; d'où nécessité de supprimer ou d'intercepter tout rayon lumineux qui ne concourt pas à la formation de cette image.

On constatera facilement qu'une lanterne répond à ces conditions si, après y avoir placé la source lumineuse, on produit l'obscurité complète en fermant simplement l'objectif de son obturateur.

L'emploi du pétrole exige une source lumineuse encombrante, surmontée d'une cheminée assez haute pour provoquer un tirage énergique; il en résulte que le coffre d'une lanterne devant donner place à tout cet attirail ne pouvait être réduit au delà d'une certaine limite. Avec les nouvelles sources lumineuses à incandescence, un volume relativement restreint suffit, ainsi qu'on le verra dans la description de la nouvelle *lanterne scolaire* (V. fig. 1, 9 et 33).

Dès lors que le pétrole est supprimé, les dimensions de la cheminée surtout peuvent être considérablement réduites; néanmoins il convient d'assurer le tirage et, ici, comme pour les cheminées d'appartement ou de laboratoire, ce n'est pas la plus large qui fonctionne le mieux.

Une cheminée étroite (*fig.* 9), exactement placée au-dessus du foyer, ne demande pas plus d'un décimètre de hauteur pour donner un bon tirage, si les orifices pratiqués dans le fond de la

lanterne laissent entrer une suffisante quantité
d'air.

Dans tous les cas, on s'assurera, par le moyen
précédemment indiqué, qu'aucun rayon lumineux
ne peut s'échapper par l'un ou l'autre des orifices
ménagés pour le tirage.

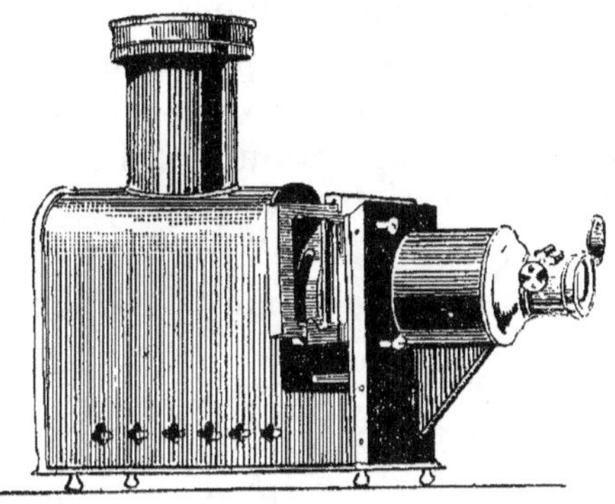

Fig. 9. — Spécimen des nouvelles lanternes.

Il est bon encore de préserver la lentille intérieure du condensateur, lorsqu'elle a été chauffée
par la source lumineuse, d'un refroidissement
brusque; celui-ci se produit quand on éteint la
lanterne si l'air froid, en y pénétrant, lèche le
condensateur : la plupart des ruptures de la lentille intérieure n'ont pas d'autre cause. Il faut
donc examiner si les orifices de rentrée d'air sont
placés de façon à provoquer un changement trop
brusque de température; souvent il suffit de courber
ou de prolonger la paroi de tôle placée sous le

condensateur pour que celui-ci soit suffisamment
préservé.

Enfin, avant d'arrêter définitivement son choix,
on s'assurera du bon fonctionnement de toutes les
pièces mobiles : charnières et loquet des portes,
glissières du condensateur et de l'objectif, et surtout pignon à crémaillère pour la mise au point.
Les châssis à vues livrés avec les lanternes sont
généralement bien confectionnés; l'un des meilleurs modèles porte un petit levier qui soulève de
quelques millimètres la vue à remplacer (*fig*. 10),
l'opérateur peut ainsi la saisir facilement.

Fig. 10. — Châssis à vues.

La glissière où s'engage le châssis à vues est
souvent fermée par le haut comme dans la figure 6
(p. 17); mieux vaut qu'elle soit ouverte, c'est-
à-dire que sa section représente un **U**. Cette disposition facilite l'introduction du châssis et surtout
de la cuve à expériences dont il sera question plus
loin (p. 125).

II

SOURCES LUMINEUSES

La source lumineuse idéale pour projections serait un foyer puissant pouvant se réduire à un point : tel le foyer d'une forte lentille convergente traversée par les rayons solaires.

Parmi les sources lumineuses artificielles, l'arc voltaïque seul peut, dans une certaine mesure, remplacer la lumière du soleil : nous avons dit, dès le début, pourquoi il n'en sera pas question ici.

Les sources lumineuses ordinairement employées dans les conférences et aux cours d'adultes ont une intensité qui ne saurait être comparée aux deux précédentes ; si, dans leur emploi, on réduisait le foyer lumineux à un point, comme semblerait l'indiquer la théorie, on diminuerait considérablement l'éclat de l'image projetée sur l'écran. En pratique, il convient de donner une surface appréciable à ce foyer lumineux ; l'expérience démontre que cette surface peut être étendue avec avantage jusqu'à plusieurs centimètres carrés.

On conçoit, en effet, que deux surfaces ayant

chacune un centimètre carré, placées l'une à côté
de l'autre dans le même plan, au voisinage immé-
diat de l'axe optique de la lanterne, enverront sur
le condensateur deux fois plus de lumière qu'une
seule de ces surfaces.

Prenons, par exemple, deux manchons Auer
d'égale intensité, et plaçons-les, de la même façon,
dans deux lanternes identiques ; nous constaterons
d'abord l'égalité d'éclairement de chacun des deux
disques projetés sur l'écran par l'objectif. Inter-
posons ensuite, dans l'une des deux lanternes,
entre le condensateur et le manchon, mais tout
près de celui-ci, un carré de tôle percé en son
centre d'un trou circulaire d'un centimètre de
diamètre ; nous aurons ainsi réduit notablement
la surface lumineuse utilisée par le condensateur,
mais nous aurons aussi notablement diminué
l'intensité lumineuse sur l'écran. Remplaçons le
carré de tôle par un autre percé d'un orifice de
2 centimètres de diamètre : l'intensité sur l'écran
est sensiblement accrue ; cependant, elle reste
inférieure à celle obtenue sans aucune inter-
position.

En opérant ainsi successivement avec des carrés
de tôle percés d'ouvertures de plus en plus grandes,
on arrive à trouver une limite au diamètre de
l'orifice ; avec un bec Auer ordinaire, l'augmentation d'éclat sur l'écran n'est plus sensible lorsque
le diamètre de l'orifice dépasse 4 centimètres. On
peut donc conclure que la surface lumineuse du

manchon non comprise dans la limite indiquée reste inutilisée.

En résumé, *pour obtenir le maximum d'éclairement sur l'écran* avec une lampe à incandescence, par le gaz ou l'alcool, lors même qu'elle donnerait son maximum d'éclat, il ne faut pas réduire à un point la partie utilisée de la source lumineuse ; mais il est inutile d'augmenter, au delà d'une certaine limite, la surface incandescente à utiliser ; cette surface limite semble varier en raison inverse de l'intensité de la source, la plus grande surface correspondant à la plus faible intensité et réciproquement ; en d'autres termes, cette surface pourra être diminuée à mesure que l'intensité croîtra, jusqu'à se réduire à un point pour une intensité infiniment grande.

La théorie explique cette constatation expérimentale ; quelques considérations suffiront pour donner une idée assez exacte du fait. D'abord, si l'on construisait géométriquement le trajet des rayons lumineux partis de points éloignés de l'axe principal (*fig.* 3 et 4), on verrait qu'à leur sortie du condensateur, ces rayons sont très obliques par rapport au plan du sujet à éclairer ; or, à égalité de surface, la quantité de lumière reçue diminue à mesure que l'obliquité augmente ; l'efficacité des rayons tombant sur le condensateur diminue donc à mesure qu'augmente la distance de l'origine de ces rayons à l'axe optique. Si l'on examine, en outre, par quels moyens on obtient ordinairement l'intensité maxima d'une lampe à incandescence, on remarquera que c'est généralement par l'augmentation de pression du mélange gazeux arrivant au brûleur (*fig.* 11 et suiv.); or l'espèce de chalumeau qui se trouve ainsi activé élève particulièrement la température des parties du manchon voisines de l'axe optique; si tout est bien en place, le haut et le bas restent, en effet, moins brillants que le centre. L'augmentation d'éclat se fait donc surtout au profit des radiations que le condensateur utilise le mieux; sur l'écran, l'augmentation d'éclat due aux rayons plus écartés de l'axe optique, c'est-à-dire de ceux qui, à la fois, sont le moins intenses et se réfractent le plus obliquement, deviendra donc une quantité négligeable par rapport à la première.

PRODUCTION DE L'INCANDESCÉNCE

La plus ancienne source lumineuse par incandescence est due à l'ingénieur anglais Drummond; elle était obtenue par l'action du chalumeau à gaz oxygène et hydrogène (oxyhydrique) sur une boule de chaux vive. C'est encore la **lumière Drummond**, mais perfectionnée, qu'on emploie aujourd'hui dans les grandes salles de conférences dépourvues d'un courant électrique : la boule de chaux est remplacée par une pastille ou un cylindre de magnésie ou de zircone, l'hydrogène par le gaz d'éclairage ou, à défaut, par la vapeur d'éther ; le tube central du chalumeau est alimenté par de l'oxygène. Ce dernier gaz, préparé à l'avance, est renfermé dans un sac de caoutchouc ; ou mieux on le prépare, séance tenante, avec un appareil à oxylithe (bioxyde de sodium) ; ou encore il est expédié, d'une usine productrice, dans une sorte d'obus où on l'a comprimé à plusieurs dizaines d'atmosphères.

La flamme du **chalumeau oxyhydrique** est fort peu éclairante ; par contre, sa température est fort élevée ; celle d'un bon bec Bunsen, à gaz d'éclairage, jouit de propriétés analogues, mais elle n'a pas la même puissance calorifique que la précédente. Cela tient à la nature du comburant, qui est l'oxygène pur dans le premier cas, et l'air atmosphérique dans le second.

Si, conservant comme comburant l'air atmosphérique, c'est-à-dire un mélange gazeux dans lequel l'oxygène pur entre seulement pour un cinquième, on remplace, en outre, le combustible (gaz de houille) par un autre produisant moins de calories, par exemple par le gaz ou la vapeur d'alcool, la puissance calorifique s'abaissera encore. Elle s'abaisserait moins si l'on substituait l'essence de pétrole à l'alcool ; aussi a-t-on songé à *carburer* l'alcool des lampes à incandescence, c'est-à-dire à y ajouter des *carbures* volatils tels que l'essence de pétrole, de manière à obtenir,

dans la flamme du brûleur, une température
supérieure à celle donnée par l'alcool seul. Les
tentatives faites dans ce sens paraissent aban-
données, cela tient sans doute à la nécessité de
modifier le brûleur lorsqu'on change la nature
du combustible; les constructeurs se sont bornés,
jusqu'ici, à un seul type de brûleur, et ils l'ont
approprié à l'alcool ordinaire dénaturé tel qu'on
le trouve dans le commerce.

Bec Auer. — C'est en 1885 qu'il fit son appari-
tion; la composition des sels dont on imprégnait
le léger tissu formant le manchon conique était
tenue secrète. On vend aujourd'hui, chez les droguistes, les nitrates d'oxydes terreux (de zirconium,
lanthane, thorium et autres *terres rares*) dont les
manchons Auer, ou similaires, sont imprégnés;
chaque fabricant prétend connaître une *recette
spéciale* pour la composition de la dissolution
dans laquelle il trempe son tissu, d'une fabrication
également *spéciale*.

Après une immersion suffisante, les petits cônes
sont égouttés, puis séchés; ensuite on les calcine
dans la flamme d'un Bunsen à gaz d'éclairage.
L'incinération détruit la matière végétale du tissu,
et il ne reste plus qu'un squelette d'oxydes terreux dont la finesse rappelle celle des mailles
primitives; mais le tout est devenu extrèmement
fragile et, pour le rendre transportable, il faut
l'enrober d'une couche de collodion. Le man-

chon incinéré, puis collodionné et séché, est assez résistant pour permettre, moyennant un emballage soigné, son expédition par colis postal.

Quand un manchon est placé pour la première fois sur le brûleur, il faut d'abord le flamber, c'est-à-dire enflammer la couche de collodion qui protégeait le réseau d'oxydes ; on allume ensuite le brûleur. Dans les lampes à incandescence par l'alcool, le flambage se fait naturellement quand on enflamme la coupelle ou la taupette d'allumage.

Si le fragile réseau se trouve bien en place dans la région la plus chaude de la flamme sortant du brûleur, c'est-à-dire dans la partie extérieure d'un bleu pâle, il prend immédiatement un éclat éblouissant. Mais il est redevenu extrêmement fragile et, autant que possible, il faudra éviter d'y toucher jusqu'au moment de son remplacement par un manchon neuf.

Les manchons pour lampes à projections sont plus petits que ceux utilisés pour l'éclairage ordinaire ; la raison de la diminution de surface éclairante a été expliquée page 30. Ce qui importe au projectionniste, c'est *d'avoir un manchon bien adapté au brûleur*, ni trop large, ni trop étroit, ni trop long, ni trop court, de manière que le tissu à rendre incandescent se trouve exactement placé dans la région la plus chaude de la flamme ; en outre, *le manchon doit coiffer le couronnement du brûleur*, on verra pourquoi page 52.

Le principal inconvénient de l'emploi des manchons du type Auer, dans les projections, résulte de leur prix relativement élevé : il varie entre 40 centimes et 1 franc la pièce ; aussi a-t-on cherché à en augmenter la durée ou à en réduire le coût.

Pour diminuer la fragilité du manchon, on a doublé et triplé les mailles du tissu, on a aussi modifié la composition du mélange de sels; il serait difficile de préciser les différences dans les résultats obtenus, mais la supériorité de certains manchons sur certains autres est un fait acquis. Un manchon ayant déjà servi peut être remis en état d'être transporté, à la condition qu'il ne soit pas trop déchiré ou déformé ; il suffit de l'enrober à nouveau dans du collodion. Le procédé opératoire est indiqué page 58.

LAMPE A FEUILLE INCANDESCENTE. — On a proposé de remplacer le manchon conique par une feuille plane rectangulaire de même tissu qui coûte trois ou quatre fois moins cher ; la feuille à incandescence se place dans un cadre métallique disposé ensuite contre un brûleur spécial à flamme plate : l'incandescence est parfaite si la feuille est bien en place et le brûleur bien conditionné. Malheureusement ces deux conditions ne se trouvent pas toujours remplies ; il convient donc d'attendre, avant de signaler la nouvelle lampe, que le constructeur ait obtenu la régularité désirable dans sa fabrication.

INCANDESCENCE PAR L'ALCOOL

En moins de trois années (1901 à 1903), une quinzaine de constructeurs français ont établi chacun une lampe à alcool pour projections. Tous ces appareils sont une application d'une même disposition essentielle : alimentation d'un brûleur Bunsen par le gaz alcool produit dans la lampe même, et consommé au fur et à mesure de sa production, puis utilisation de la flamme obtenue pour porter à l'incandescence un *manchon Auer* ou un tissu similaire.

Nous allons examiner successivement, pour l'ensemble de ces dispositifs :

1° Comment se produit le gaz alcool ;

2° Comment on le brûle ;

3° Comment on obtient l'incandescence.

Nous signalerons ensuite les principaux inconvénients des divers systèmes et, comme conclusion, nous réunirons, sous la forme d'une lampe type, les conditions les meilleures et les plus pratiques (Voir chap. III).

Production du gaz alcool. — Il suffit, comme on le sait, de vaporiser de l'alcool pour obtenir un gaz combustible, éminemment inflammable, pouvant produire une haute température s'il est mélangé, avant sa combustion et en proportion convenable, à l'oxygène de l'air.

Dans tous les systèmes imaginés jusqu'ici pour produire l'incandescence par l'alcool, ce dernier est amené peu à peu dans une sorte de petit compartiment à parois métalliques suffisamment chauffées soit par un foyer spécial, comme dans la lampe **Sol** (*fig.* 11), soit par la flamme de la lampe même, comme pour la plupart des autres dispositifs ; dans tous les cas, l'alcool est transformé en vapeur éminemment combustible qu'un tube amène dans un brûleur du genre Bunsen.

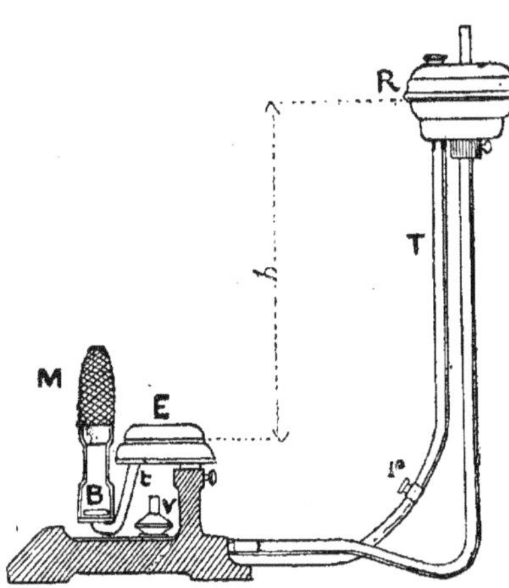

Fig. 11. — Lampe Sol.

Il suffit d'ouvrir le robinet *r* (*fig.* 11) pour que l'alcool contenu dans le réservoir surélevé R s'écoule, par le tube T, dans le compartiment métallique E où il sera vaporisé par la chaleur de la veilleuse *v*; le tube *t* amènera ensuite le gaz alcool dans le brûleur B. Par sa veilleuse, cet appareil rappelle l'ancien *éolipyle à esprit-de-vin* des peintres et des plombiers.

Les dispositifs sans veilleuse sont nombreux, ils fonctionnent comme le nouvel *éolipyle à essence de pétrole* des gaziers ; c'est-à-dire que le compartiment producteur de gaz alcool est placé de façon à recevoir la chaleur nécessaire du brûleur même.

Dans la lampe **R et M** (*fig.* 12), la chambre de vaporisation de l'alcool est située, en V, à l'extrémité supérieure d'un tube T contenant une mèche par laquelle monte l'alcool.

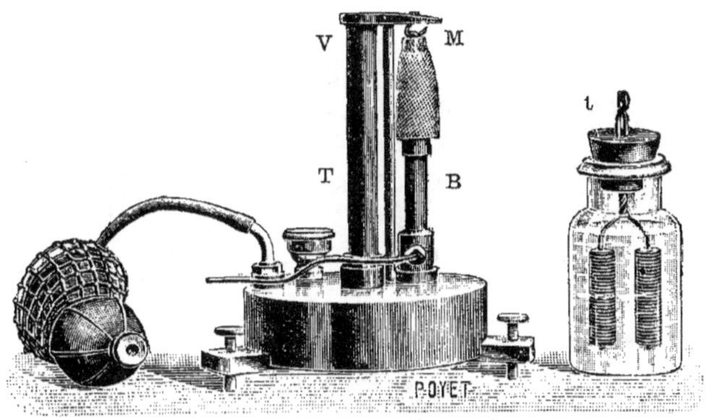

Fig. 12. — Lampe **R et M** (Radiguet et Massiot).

Pour la mise en marche, on chauffe d'abord le tube T et la chambre de vaporisation V au moyen d'une taupette *t* imprégnée d'alcool et enflammée ; le gaz alcool produit est amené, par un petit tube vertical, à la partie inférieure du brûleur B. La pièce métallique qui recouvre la chambre de vaporisation V est en cuivre rouge de 2 ou 3 millimètres d'épaisseur ; elle joue, en quelque sorte, le rôle d'un *récupérateur de chaleur* qui assure constamment la vaporisation de l'alcool.

Le récupérateur existe, sous une forme ou une autre, dans toutes les lampes à incandescence par l'alcool qui sont dépourvues de veilleuse. Il est représenté, dans la lampe dite **Archimède** (*fig.* 13), par un gros écrou A qui couronne le tube à mèche, et par une pièce G qui supporte le manchon.

Le récupérateur de la lampe **Diamant** est un écrou cylindrique surmonté d'une mince potence destinée surtout à supporter le manchon.

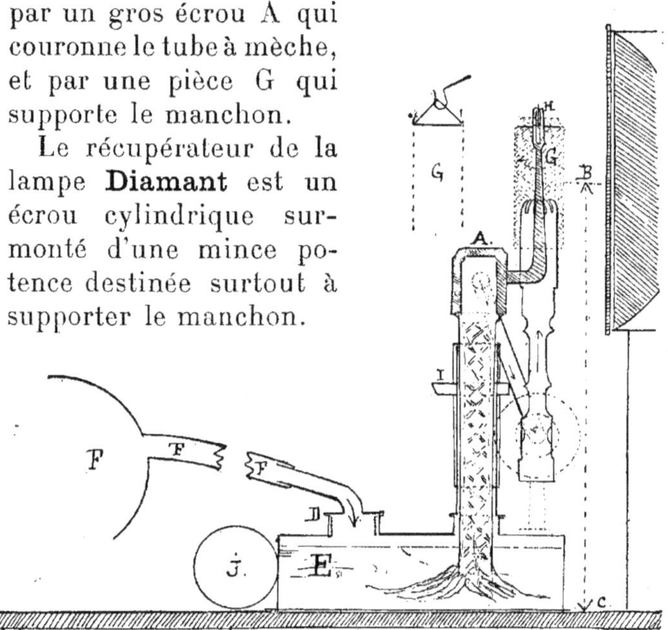

Fig. 13. — Lampe **Archimède** (coupe).

A. Écrou en cuivre formant récupérateur et chambre de vaporisation où l'alcool arrive par la mèche du tube vertical. Le gaz alcool vient, par un tube oblique, dans le brûleur que couronne le manchon G. Sur l'alcool du réservoir E. on exerce une pression par la poire F.
BC représente la hauteur de l'axe optique du condensateur.

Le plus volumineux des récupérateurs est

celui de la lampe **Siris** (*fig.* 14) ; il est relié à la
chambre de vaporisation par un gros fil de
cuivre cintré.

Fig. 14. — Lampe Siris.

Dans la lampe **Denayrouse** (*fig.* 15), le récupérateur rappelle à la fois celui de la lampe **R et M**
(*fig.* 12) et celui des lampes à incandescence pour
l'éclairage domestique : les deux extrémités réunies
par le tube T sont recourbées ; l'une plate supporte le
manchon M, l'autre cylindrique enveloppe un
tube horizontal B pénétrant dans le réservoir à

alcool et renfermant le compartiment de vaporisation.

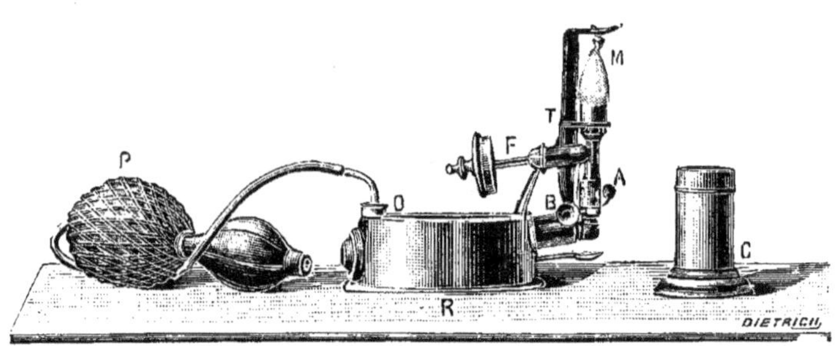

FIG. 15. — Lampe **Denayrouse**.

L'air est comprimé sur l'alcool du réservoir R, par l'orifice O, au moyen de la poire en caoutchouc **P**.

L'alcool de R s'élève dans le tube T, à l'intérieur duquel il se volatilise, d'abord par la combustion d'autre alcool pris en C en y plongeant la taupette F ; ensuite la gazéification continue, le tube T et le récupérateur étant chauffés par la flamme du brûleur, sous le manchon M.

A règle l'arrivée de l'air dans le brûleur.

Citons encore, comme dernier exemple de récupérateur, celui de la lampe dite **Toute-puissante** (*fig.* 16); il est formé d'une large plaque de cuivre C qui s'appuie contre le compartiment de vaporisation, ou gazéificateur G, dont le volume est beaucoup plus grand que celui des autres systèmes.

Variation de la pression. — Le gaz alcool arrive au brûleur sous une pression dont la valeur dépend : 1° du diamètre de l'orifice par lequel il

s'échappe ; 2° de la quantité d'alcool vaporisée
dans un temps donné.

Pour augmenter cette pression
sans modifier l'orifice, il suffira
de faire arriver, pour une même
durée, une plus grande quantité
d'alcool dans le compartiment
(ou chambre) de vaporisation.
On y parviendra, soit en élevant
davantage le réservoir des lampes
(*fig.* 11 et 16) ou bien en ou-
vrant un peu plus le robinet *r*

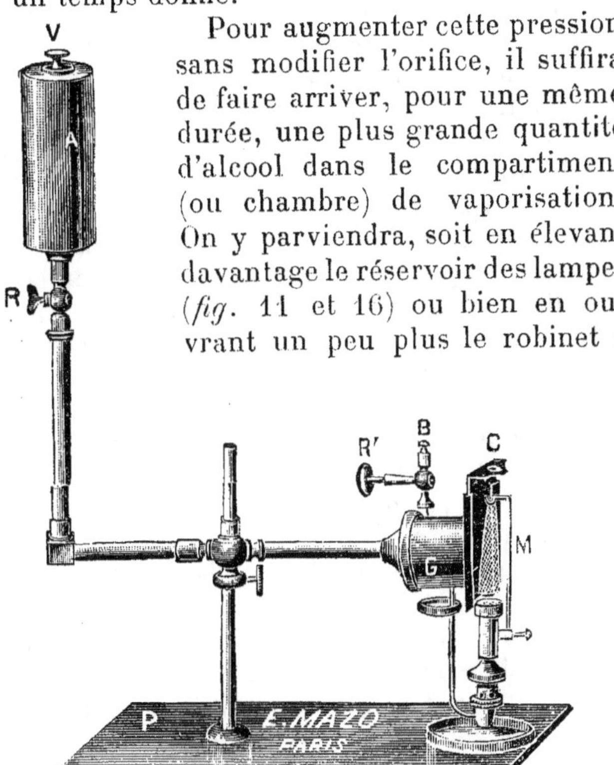

FIG. 16. — Lampe dite **Toute-puissante**.

L'écoulement de l'alcool du réservoir A est réglé par le robinet R.

du premier système, ou le robinet R de la lampe
Mazo (*fig.* 16) ; soit, s'il s'agit des autres lampes
(*fig.* 12 à 15), en comprimant l'air contenu dans

le réservoir à alcool au moyen d'une petite pompe, comme dans la lampe dite **Excel'Hanz**, ou, plus simplement, d'une poire en caoutchouc comme le montrent les figures 12 à 14.

La valeur de h, variable dans les lampes **Sol** et **Toute-puissante** (*fig.* 10 et 16), est ordinairement comprise entre 2 et 4 décimètres. Cette valeur représente à peine le vingtième de la pression atmosphérique; avec les poires en caoutchouc, on atteint facilement un cinquième d'atmosphère, tout en conservant une suffisante constance pendant la durée d'une projection. En effet, s'il n'y a aucune fuite, l'augmentation du volume de l'air comprimé, autrement dit sa détente, correspond exactement au volume d'alcool consumé.

Il arrive parfois que la mèche par laquelle l'alcool s'élève est trop fortement bourrée dans son tube et, par suite, que le liquide à gazéifier arrive trop lentement dans la chambre de vaporisation ; il faut alors augmenter la pression, en comprimant de l'air dans l'espace libre du réservoir à alcool ; pour obtenir le maximum d'éclat que peut donner la lampe, on atteint parfois la pression maxima fournie par la double poire en caoutchouc[1].

Pour obvier à l'inconvénient du *bourrage* de la mèche, on pourrait *débourrer* celle-ci ; mais d'abord l'opération est peu pratique pour certaines lampes, à

---

1. On peut évaluer assez exactement la valeur de cette pression en ajustant le tube de la poire en caoutchouc sur un petit

cause du démontage du *presse-étoupe* réunissant le tube au réservoir ; en outre, on ne saurait conseil-

---

manomètre à air comprimé très simple représenté ci-dessous (*fig.* 17).

En comprimant la poire P, on arrive facilement, sans compromettre la résistance du ballon B enveloppé d'un réseau, à faire monter l'eau, par exemple de m en m', dans le tube fermé T ; c'est-à-dire que, si le volume d'air emprisonné dans le tube manométrique était représenté par la longueur mn, au début, lorsque la pression sur la surface AB était celle de l'atmosphère, ce volume devient $m'n$ quand la pression sur AB est celle de l'air comprimé par la poire.

Si mn et $m'n$ sont entre eux, par exemple, comme 5 et 4, on pourra écrire, en négligeant la pression de la petite colonne d'eau mm', en appelant 1 la pression atmosphérique et P la pression obtenue en comprimant la poire :

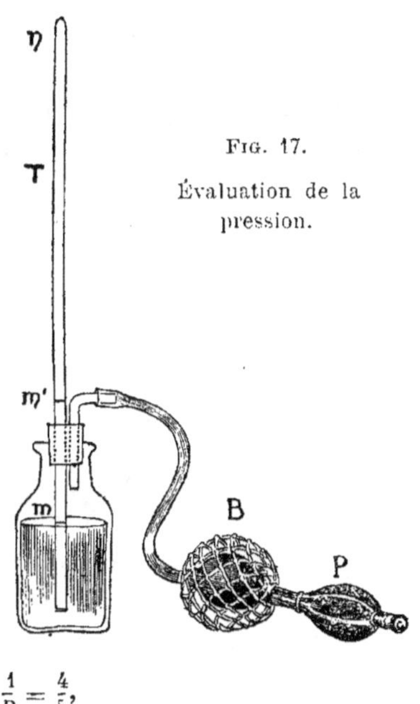

FIG. 17.

Évaluation de la pression.

$$\frac{1}{P} = \frac{4}{5},$$

d'où l'on tire

$$P = \frac{5}{4}.$$

Ce qui veut dire que l'augmentation de pression obtenue en manœuvrant la poire est de $\frac{5}{4} - 1$ ou $\frac{1}{4}$ d'atmosphère.

Pour obtenir une augmentation égale, dans le cas d'une sur-

ler de desserrer la mèche, parce qu'alors, s'il reste trop de jeu, l'alcool arrivera, au moindre coup de poire, en trop grande quantité, dans la chambre de vaporisation, pour être gazéifié entièrement: l'alcool liquide craché par l'ajutage s'enflammera à la base du brûleur et se répandra dans la lanterne. Mieux vaut donc une mèche bien serrée dans le tube, sauf à faire jouer plus souvent la poire, qu'une canalisation trop facilement traversée par un liquide dont le maniement, au voisinage d'un foyer incandescent, n'est jamais sans danger. Nous verrons plus loin, chapitre III, comment on peut conserver les avantages et supprimer les inconvénients des divers systèmes; examinons auparavant quelques détails qui intéresseront certainement les projectionnistes.

Remplacement de la mèche. — Une autre remarque doit être faite au sujet de la mèche. Il peut y avoir utilité à changer la mèche d'une lampe, parfois elle s'encrasse, se carbonise, etc. ; il est assez facile de la retirer du tube qui la contient ; mais, pour introduire la mèche neuve qui

---

élévation du réservoir contenant l'alcool (*fig.* 11 et 16), il faudrait donner a *h* une valeur supérieure à 2 mètres ; une différence de niveau de 2 mètres d'eau représente en effet le cinquième d'une atmosphère ; mais, dans le cas actuel, il s'agit d'alcool, dont la densité est inférieure à celle de l'eau ; la hauteur serait donc supérieure à 2 mètres. L'agencement à réaliser, dans ces conditions, serait peu pratique : l'usage de la poire est donc préférable.

la doit remplacer et la bourrer sans excès, un
petit tour de main est nécessaire. On a ordinairement recours à un fil métallique rigide, fer ou
maillechort, de la grosseur d'une forte aiguille à
tricoter; on façonne, à l'une de ses
extrémités, une double boucle dont
l'anneau inférieur (*fig*. 18) enserre
tous les fils de la mèche vers le
milieu de leur longueur : on pousse
la mèche jusqu'au fond du tube en
appuyant sur l'extrémité de la
tige *t*. Celle-ci reste dans le tube et
l'anneau supérieur *b* de la boucle
limite la hauteur du compartiment
de vaporisation. L'inégalité des deux
moitiés de la mèche resserrées
autour de la tige *t* a pour but de
faciliter le passage par le presse-
étoupe, l'une des moitiés seulement
dépasse le tube, et elle suffit pour
puiser l'alcool dans le réservoir.

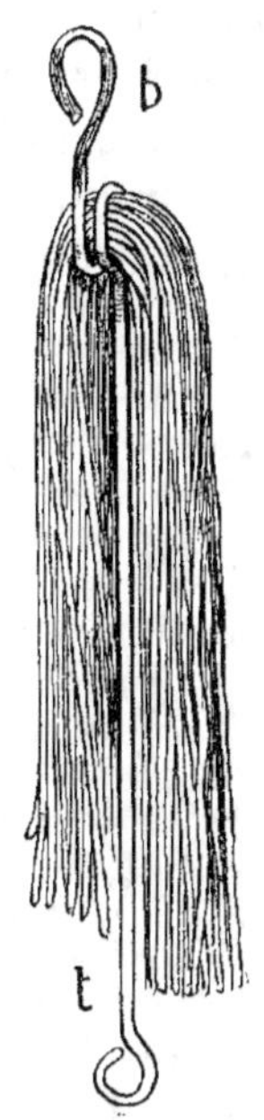

FIG. 18.

Montage de la
mèche.

Les propriétés capillaires d'une
mèche ne se conservent pas indéfiniment au même degré, et il arrive
parfois qu'au bout d'un certain
temps, l'alcool monte beaucoup trop
lentement jusqu'au compartiment de vaporisation.
Cet inconvénient a pour principale cause l'en-
crassement produit, dans la mèche, par des compo-
sés solides résultant des actions chimiques, sur

les métaux, du *dénaturant* que la régie ajoute à l'alcool. Ce dénaturant, dont la composition est variable, attaque les métaux ; il n'est pas rare de trouver rongé, après quelques mois d'usage, le fil métallique qui a servi à l'introduction de la mèche ; celle-ci est alors encrassée d'une matière solide, verdâtre, noircissant rapidement à l'air et principalement formée d'oxyde de fer.

L'unique remède, lorsqu'une mèche fonctionne mal, c'est de la remplacer par une neuve.

Lorsqu'on a changé la mèche d'une lampe, il faut avoir soin de revisser à fond l'écrou réunissant le tube au réservoir ; cette précaution est particulièrement recommandée pour les modèles où le tube à mèche glisse dans un presse-étoupe (*fig.* 12 et 13). On s'assurera donc, avant un nouvel usage de la lampe, que le joint est bien clos ; à cet effet, le brûleur étant enlevé, on appuiera le doigt sur l'ajutage par lequel doit s'échapper le gaz alcool, et on aspirera par la tubulure qui reçoit le caoutchouc de la poire ; s'il n'y a aucune fuite, la langue sera attirée à l'extrémité de cette tubulure comme par une ventouse.

Combustion du gaz alcool. — Pour la mise en marche de chacune des lampes dont on vient de parler, il convient de n'activer que lentement et progressivement l'arrivée de l'alcool dans le compartiment de volatilisation ; autrement on s'exposerait au crachement d'alcool liquide dont on a parlé précédemment (p. 46).

Les lampes à incandescence pour projections ne sont pas plus dangereuses que les autres lampes à alcool ou à pétrole ; rappelons que, pour les unes comme pour les autres, il faut éviter de répandre, à l'air libre, le liquide inflammable au voisinage d'un foyer incandescent.

ALLUMAGE. — On procède ordinairement à l'allumage de la lampe pour projections avant son introduction dans la lanterne. Le réservoir ayant été rempli d'avance de façon à laisser à l'alcool le temps de s'élever et d'imbiber entièrement la mèche, on chauffe d'abord le compartiment de vaporisation. A cet effet, on brûle extérieurement un peu d'alcool soit dans une petite coupelle entourant le tube à mèche (*fig.* 13 et 16), soit sur une pince ou *taupette* garnie de fils d'amiante formant éponge et que l'on place également autour du tube à mèche (*fig.* 12 et 15).

La combustion de l'alcool versé dans la petite coupelle, ou imbibant la taupette, dure environ une minute ; ce temps suffit à la production des premières vapeurs d'alcool qui, s'élevant dans le brûleur, viennent s'enflammer à son extrémité supérieure léchée par la flamme de la coupelle ou de la taupette. Lorsque cette dernière flamme s'abaisse et va s'éteindre, on ajuste, à la tubulure spéciale, la poire de caoutchouc que l'on gonfle

d'abord très modérément. La flamme du brûleur
s'allonge peu à peu et, quand elle a pris une hauteur constante, on peut augmenter la pression en
gonflant de plus en plus la poire, de manière à
atteindre le maximum de puissance, ce que l'on
apprécie par l'éclat du tissu incandescent.

Lorsqu'on se servira d'une lampe pour la première fois, il sera bon de s'exercer d'abord à son
maniement sans manchon ; on jugera mieux des
variations qu'on peut obtenir dans l'intensité de
la flamme par le jeu de la poire, et, s'il y a lieu, du
robinet réglant l'arrivée de l'alcool.

Pour les lampes à veilleuse et sans poire, le
réservoir mobile doit être abaissé de manière que
le niveau de l'alcool qu'il renferme arrive à la
hauteur du compartiment E de volatilisation
(*fig.* 11) ; on allume ensuite la veilleuse. Le passage
du gaz alcool en M est indiqué par un léger sifflement, on enflamme alors le brûleur. Il ne reste
plus, avant l'introduction de la lampe dans la
lanterne, qu'à régler la pression en donnant au
réservoir R la hauteur suffisante, le robinet *r*
étant tourné convenablement.

Bruleur. — La figure 19 représente un brûleur
type pour lampe à incandescence par l'alcool. Le
gaz alcool arrive par l'ajutage ou bec *b* à la base
du brûleur ; là il se mélange avec l'air qui pénètre
par les orifices O, O', O″. Le mélange gazeux
devient homogène en s'élevant dans le fût F d'une

longueur de 7 ou 8 centimètres, et il arrive au couronnement C, où on l'enflamme. Ce couronnement est ordinairement formé d'une rondelle percée de petits trous sur sa partie périphérique, comme l'indique son rabattement (*fig.* 19); il joue le rôle d'une toile métallique, c'est-à-dire que sa conductibilité s'oppose à la propagation de l'inflammation du mélange gazeux au-dessous du couronnement. La flamme reste donc au-dessus, elle doit s'élever et bien envelopper le manchon qu'il faut porter à l'incandescence; étant donnée la forme de celui-ci, on conçoit que le jet gazeux soit disposé pour chauffer seulement sur sa périphérie : les trous sont donc inutiles dans la partie centrale du couronnement.

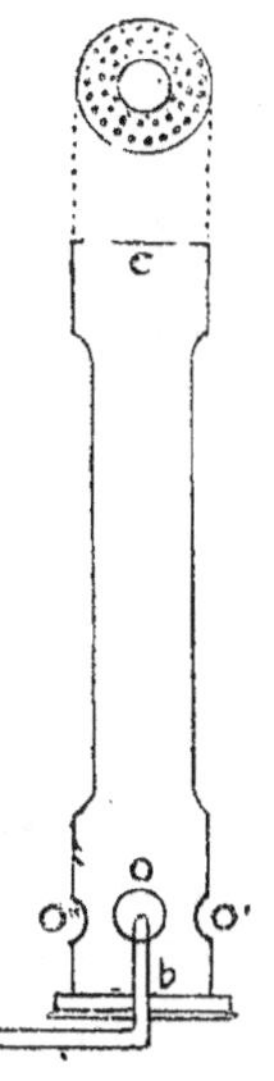

FIG. 19.
Brûleur type.

L'arrivée de l'air par la partie inférieure du brûleur est parfois modérée par une bague (A, *fig.* 15) ou virole percée d'orifices correspondant à ceux marqués O, O′, O″ dans la figure 19. En tournant la virole, on obstrue plus ou moins les orifices d'arrivée d'air, ce qui peut être appliqué quand la lampe est mise en veilleuse; si l'on veut obtenir l'intensité maxima d'une lampe à incandescence, il faut ouvrir toutes grandes les ouvertures donnant accès à l'air. Ceci revient à dire que la virole n'est pas indispensable ; la plupart des lampes en sont dépourvues. Le type dit **Diamant** ne présente même pas d'embase à la partie inférieure du brûleur, on n'y pourrait placer une virole.

Ce qui différencie le plus les brûleurs des divers systèmes, c'est leur diamètre : le plus étroit est celui de la lampe **Archimède,** le plus large celui des lampes **Sol** et **Siris ;** en général, le diamètre de la base du manchon est un peu plus grand que celui du couronnement du brûleur, le manchon devant coiffer le couronnement. Si le brûleur ne pénétrait pas de quelques millimètres dans le manchon, celui-ci risquerait d'être déplacé et déchiré par le jet enflammé ; en tout cas la fixité du foyer lumineux serait moins bien assurée.

Inconvénients des dispositifs précédents. — Aucun appareil n'est parfait ; chacune des lampes qui viennent d'être indiquées présente des défauts plus ou moins graves qu'il convient de faire remarquer.

Souvent, à la mise en marche, l'ajutage qui amène le gaz alcool à la base du brûleur *crache* de l'alcool liquide ; celui-ci s'enflamme, et l'opérateur n'est rien moins que rassuré. Si un coup de poire a été donné avant l'allumage, l'alcool peut se répandre de manière à provoquer une sorte de punch s'étendant plus ou moins largement dans la lanterne ou sur la table : on court alors un réel danger.

L'ascension trop rapide de l'alcool dans le tube
à mèche est l'unique cause de l'accident; si, au
moment où on commence à la chauffer, la chambre
de vaporisation contient de l'alcool, une ébulli-
tion se produit qui chasse vers l'ajutage un mélange de liquide et de vapeur. Si, en outre, une
pression s'exerce sur l'alcool du réservoir, c'est un
filet d'alcool qui s'échappe sous le brûleur.

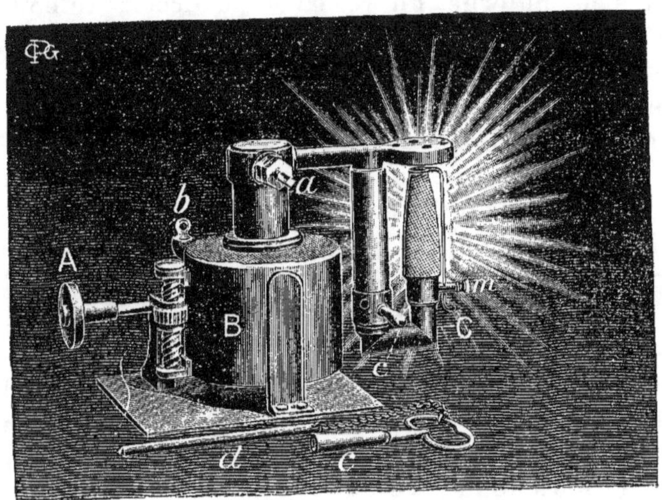

Fig. 20. — Lampe Clément et Gilmer.

Introduire l'alcool par *b* dans le réservoir B; fermer le pointeau *a*, et
enflammer l'alcool placé dans la coupelle surmontant *a*; à la fin de la
combustion, ouvrir *a* avec *c*; allumer *m*, régler *c'*; enfin, centrer en
tournant A.

Il serait donc utile de munir l'appareil d'un robinet qui permettrait de fermer, à un moment

donné, toute communication entre le réservoir
d'alcool et le brûleur.

Les premiers dispositifs pour incandescence
par l'alcool, de même que les anciens éolipyles,
sont munis, comme l'indique par exemple la
figure 20, d'un pointeau *a* qui permet d'isoler complètement le récipient B du brûleur C.

Un autre inconvénient résulte de l'introduction,
dans la lanterne, du réservoir d'alcool ; au bout
d'une demi-heure ou plus, le réservoir s'échauffe
et produit une quantité notable de vapeurs d'alcool ;
celles-ci, mêlées à l'air insufflé par la poire, forment
un mélange détonant dont la force élastique augmente au point de gonfler démesurément le ballon
de caoutchouc maintenu par un réseau ; une hernie peut se produire, par suite une explosion avec
inflammation du mélange détonant.

Dans les dispositifs représentés par les figures 11
et 16, le réservoir se trouve bien en dehors de la
lanterne, mais il est en l'air, ce qui présente un
autre genre d'inconvénient ; car l'alcool se répandrait rapidement dans l'appareil, ou sur la table,
si le caoutchouc venait à se rompre, à se détacher,
ou une fuite quelconque à se déclarer. En outre,
l'agencement empêche de fermer la lanterne.

Le moyen de supprimer ces défauts est assez
pratique, ainsi qu'on le verra au chapitre III, à propos de la lampe proposée comme type : il consiste
à munir le réservoir d'un pointeau A (*fig.* 21)
assurant, d'une part, une fermeture parfaite et,

d'autre part, ne laissant passer, quand on l'ouvre en grand, qu'une petite quantité d'alcool ; il consiste, en outre, à placer ce réservoir en dehors de la lanterne sans empêcher la fermeture de celle-ci.

Dans la plupart des lampes précédemment décrites, le point d'attache du manchon est fixe, ce qui ne présente pas d'inconvénient si la hauteur concorde avec celle de l'axe optique de la lanterne ; le centrage présente des difficultés dans le cas contraire : on n'a pas toujours sous la main une cale d'épaisseur voulue. La source lumineuse de la lampe dite **Eclipse** (*fig.* 21), mobile le long de la tige formant support, se centre avec facilité.

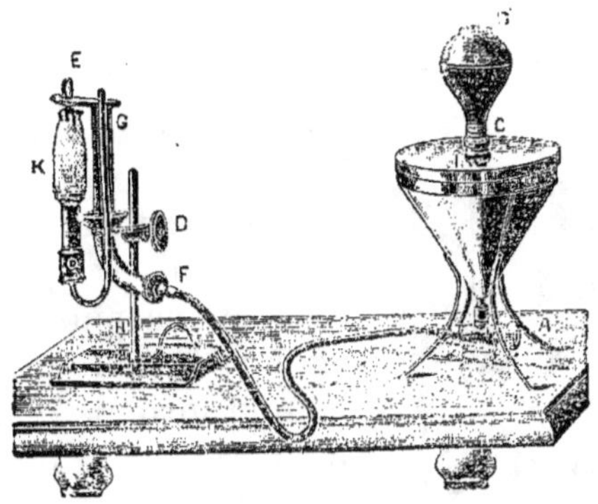

Fig. 21. — Lampe Eclipse (Romanet et Guilbert).

Enfin il conviendrait de suspendre le manchon de telle façon qu'on puisse le retirer facilement, sans le briser, pour le recollodionner ; souvent on pourrait faire ainsi l'économie d'un manchon neuf (Voir, p. 74, la description de la lampe type).

INCANDESCENCE PAR LE GAZ D'ÉCLAIRAGE

Tel qu'on l'emploie pour l'éclairage domestique, le bec Auer à gaz d'éclairage, introduit dans un appareil à projections, ne donne pas une intensité lumineuse supérieure à la lampe américaine à quatre ou cinq mèches. Cependant, lorsqu'on dispose du gaz d'éclairage, on préfère employer l'un des becs montés spécialement pour projections (*fig.* 22) que de supporter les nombreux désagréments du pétrole.

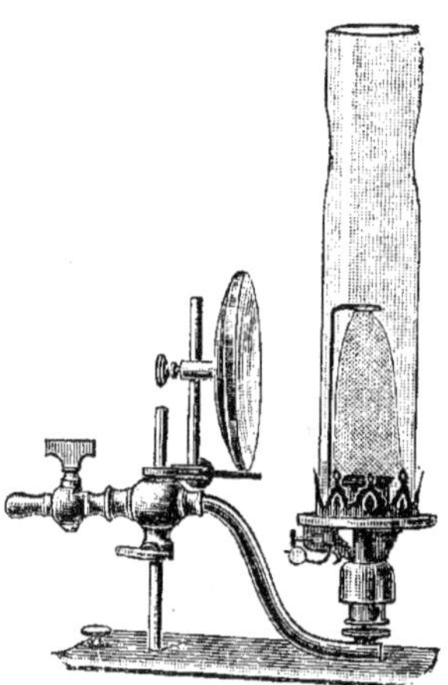

Fig. 22. — Bec Auer.
Support Clément et Gilmer.

Les variations de pression du gaz arrivant dans un bec Auer ont une influence notable sur le débit et, par suite, sur la puissance calorifique du brûleur. La combustion normale, fournissant le maximum d'incandescence d'un bec donné, se produit pour une proportion déterminée entre le comburant et le combustible, et pour cette proportion seule; si donc un bec a été construit pour une pression de 40 millimètres d'eau, par exemple, il fonctionnera mal sur une conduite où la pression atteindra seulement 20 millimètres. On remédie à l'inconvénient en élargissant ou en rétrécissant les trous d'admission du gaz ; généralement ces trous sont trop grands, alors on diminue leur diamètre en frappant, à petits coups, d'un marteau léger, la rondelle ou l'ajutage qui les porte.

Ce qu'il faut chercher à augmenter, quand il s'agit d'un appareil pour projections, c'est la vitesse d'écoulement du gaz et non la quantité de gaz débitée en un temps donné. Dans la construction des becs pour l'éclairage domestique, on vise surtout la durée du manchon, et l'on évite par conséquent de l'exposer au choc de la flamme d'un chalumeau. Pour un manchon dont l'usage dépasse rarement une vingtaine d'heures, et c'est le cas dont il s'agit ici, on recherchera au contraire les moyens de produire une flamme se rapprochant le plus possible de celle d'un chalumeau.

Le gaz alcool qui se produit dans la chambre de vaporisation des lampes précédemment signalées (*fig.* 11 à 16, 20 et 21) s'échappe, par l'ajutage, sous une pression bien supérieure à celle qui existe dans une canalisation de gaz pour l'éclairage, et le brûleur devient une sorte de chalumeau.

Pour la construction du brûleur à gaz, il faut se placer dans des conditions analogues en diminuant l'orifice d'arrivée du gaz, jusqu'à concurrence du débit nécessaire, de façon à obtenir le maximum de vitesse d'écoulement. L'augmentation de vitesse s'apprécie au bruit que produit la combustion du gaz : tout bon brûleur fait entendre un sifflement particulier ; il faut rejeter celui qui brûle silencieusement ou le modifier en matant le trou de l'ajutage.

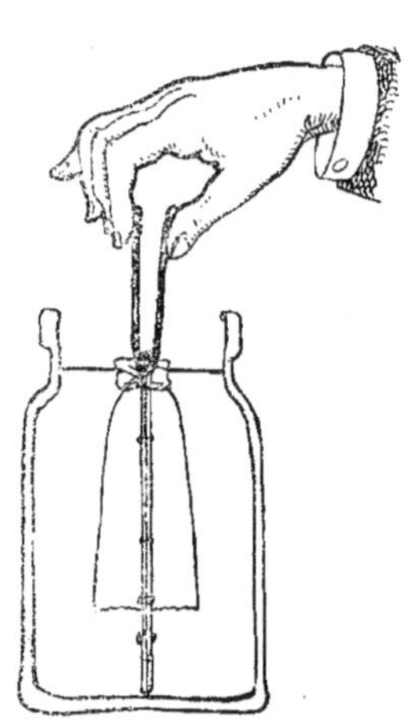

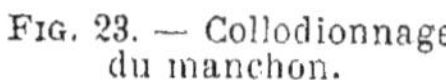

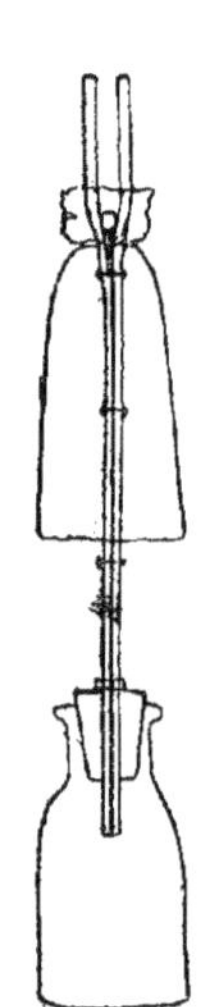

Fig. 23. — Collodionnage du manchon.

Fig. 24. — Séchage.

Bec à gaz spécial pour projections. — Les données essentielles de sa construction sont représentées par la figure 25.

1° Le manchon est supporté par une fourche ff' dont le pied se fixe au centre du couronnement du brûleur BB' ; il se déplace facilement et, pour le recollodionner, il suffit de saisir, entre deux doigts, l'extrémité supérieure de la fourche, de soulever le manchon par son support, et d'immerger le tout, comme l'indique la figure 23, dans un flacon de dimensions convenables rempli de collodion étendu d'alcool. La figure 24 représente un support formé d'un flacon muni d'un bouchon percé d'un petit trou dans lequel on engage l'extrémité inférieure de la fourche; la dessiccation du manchon recollodionné s'effectue parfaitement dans ces conditions.

2° Le brûleur BB′ (*fig*. 25) est un Bunsen dont le couronnement adapté à la dimension des manchons consiste, comme celui de la figure 19, en une rondelle percée de petits trous à sa partie périphérique seulement. L'orifice de l'ajutage aa' est calculé pour une pression de gaz équivalant à 40 millimètres d'eau ; si la pression du gaz courant à utiliser était inférieure, on dévisserait la pièce portant le robinet RR′ et l'on frapperait doucement d'un matoir ou d'un petit marteau l'extrémité aa', de manière à *diminuer* légèrement le diamètre de l'orifice donnant passage au gaz. Une bague qu'on peut faire tourner au moyen de la virole VV′ règle l'arrivée de l'air par l'orifice OO′.

3° Un collier C traversé par une vis, et glissant le long d'une tige t, permet de faire varier la hauteur du foyer lumineux et de le centrer exactement dans la lanterne.

4° Enfin, un réflecteur formé d'un miroir métal-

lique M, sphérique ,ou mieux parabolique, glisse
le long de la tige et peut être placé de façon que
la partie la plus lumineuse, du côté droit du man-

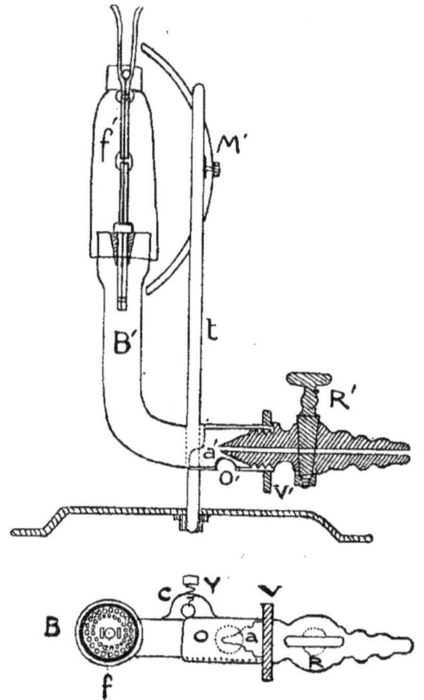

FIG. 25. — Bec à gaz spécial pour projections.

chon, soit à son foyer. Dans ces conditions, une
partie des radiations perdues pour le condensateur sont renvoyées dans sa direction et parallèlement à son axe optique.

Les premières lampes électriques à incandescence étaient formées d'un fil de platine que le courant portait au rouge et fondait même assez souvent. Edison remplaça le fil métallique par un filament de charbon obtenu en carbonisant des fibres de bambou, il évitait ainsi la fusion ; aujourd'hui, le bambou est remplacé par une pâte de

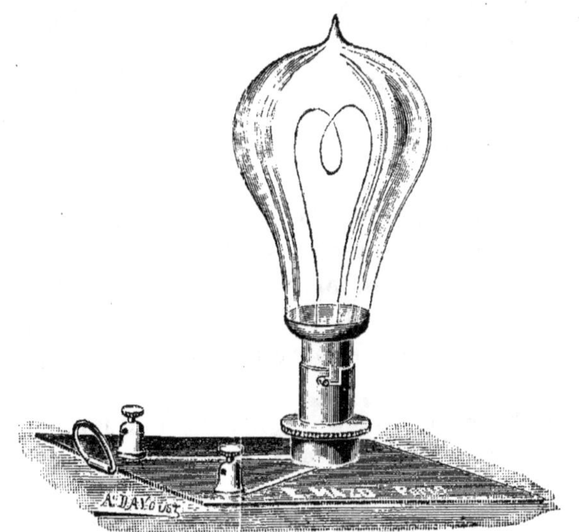

Fig. 26. — Lampe Edison disposée pour projections.

cellulose qu'une filière transforme en filaments du diamètre voulu, et que l'on carbonise ensuite en vase clos.

Une lampe Edison de 32 bougies, disposée comme l'indique la figure 26, ne donne pas, dans une lanterne à projections, de résultats supérieurs à ceux du bec Auer représenté par la figure 22 ; on ne saurait donc en conseiller l'emploi aux conférenciers qui disposent du courant électrique.

Sans recourir à l'arc voltaïque, dont nous ne nous occupons pas ici, ainsi que nous l'avons dit au début, on peut tirer un très heureux parti, pour les projections, du courant qui sert à l'éclairage d'une salle : la lampe Nernst, type B (*fig.* 27), traversée par un courant d'un demi-ampère sous 110 volts, a un pouvoir éclairant de 32 bougies seulement ; mais, placée dans un appareil à projections, elle donne des résultats merveilleux comme puissance et comme fixité lumineuse.

Deux autres lampes Nernst, dites *intensives*, donnent l'une 70 bougies avec 1 ampère, l'autre 150 bougies avec 2 ampères, sous 110 volts également ; elles peuvent être disposées aussi, comme la première, dans les appareils ordinaires de projections.

Ces trois lampes sont à recommander pour toutes les localités pourvues de l'éclairage électrique[1] ; mais, si la lanterne dont le conférencier dispose est de petite dimension, il est difficile d'y agencer la lampe Nernst, telle du moins qu'on

---

1. En aucun cas, l'on ne peut songer à alimenter ces lampes par le courant d'une pile.

la vend pour l'éclairage domestique ; c'est pourquoi nous conseillons plus spécialement l'emploi
du dispositif désigné, à cause de sa forme, sous
le nom de *lampe-borne* (*fig.* 30 et 32).

Voyons d'abord en quoi
consiste la lampe Nernst
construite par la Société
française d'électricité, à
Paris.

La différence essentielle
entre une lampe Edison
et une lampe Nernst, c'est
que le filament de l'une,
en charbon, est enfermé
dans une ampoule de verre
où l'on a fait un vide
presque parfait, tandis
que le filament de l'autre,
incombustible, reste ex-
posé à l'air; ce dernier
est constitué par les mê-
mes oxydes terreux que
le manchon Auer (Voir
p. 34).

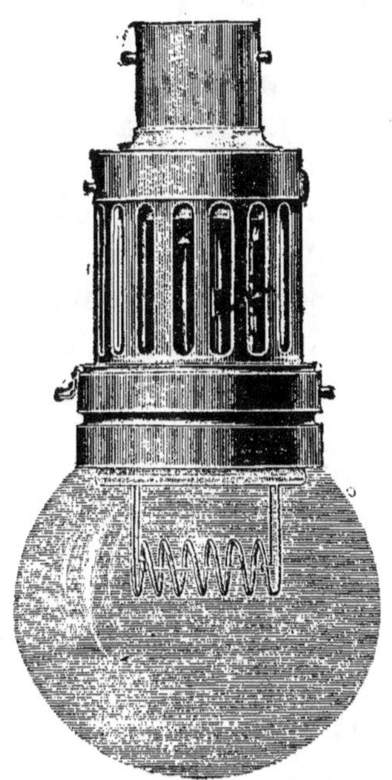

Fig. 27. — Lampe **Nernst**
(type B).

Lampe Nernst, type B. — Le filament de la
lampe de 32 bougies a une longueur de 10 à
12 millimètres, le diamètre de sa section est inférieur à un millimètre. A la température ordinaire,
il constitue un isolant analogue au verre, à la

porcelaine; chauffé au rouge, il devient bon conducteur de l'électricité; sa conductibilité augmente avec la température, et un courant d'un demi-ampère sous 110 volts lui donne un éclat éblouissant.

Le filament forme donc, à lui seul, le foyer lumineux; il est placé dans l'axe d'une spirale de chauffage c que le courant traverse d'abord.

La figure 28 indique clairement la marche du courant : celui-ci entre par la vis marquée +, passe successivement en r, en a, puis dans la spirale de chauffage c, et revient par b à la petite pièce métallique marquée —. Il suffit donc, pour faire passer le courant, de fixer le culot de la lampe dans une douille ordinaire reliée à une canalisation électrique. Examinons ce qui se produit ensuite.

La spirale de chauffage c devient rouge; elle échauffe le filament f; dès que celui-ci devient conducteur, une nouvelle voie est ouverte au courant venu par la vis +; cette voie est formée par le fil d'un petit électro-aimant e enfermé dans le socle de la lampe, par un fil de fer ténu logé dans une ampoule v et formant résistance, ensuite par une tige, à gauche de a, qui communique au filament; le courant revient à la broche — par le même chemin que précédemment, c'est-à-dire par la tige b.

Mais, lorsque l'électro e est actionné, son noyau attire le petit ressort r, et le circuit du courant traversant la spirale *c* se trouve coupé ; le courant passe alors uniquement dans le filament *f*.

La résistance *v* est destinée à préserver le filament contre les variations de voltage ; elle est constituée par un fil de fer très mince enfermé dans une ampoule qu'on a cru devoir remplir d'hydrogène pour empêcher l'oxydation. L'emploi du fer comme résistance est justifié par ce fait que, de tous les métaux, le fer est celui dont la conductibilité électrique diminue le plus rapidement avec l'élévation de la température ; par conséquent, il est plus apte à compenser la variation inverse de la conductibilité électrique du filament Nernst, il le rend moins sensible aux variations de voltage ; en tout cas, il empêche sa fusion.

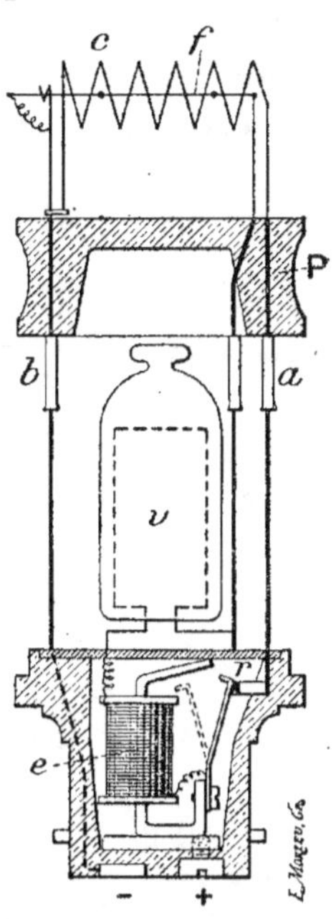

FIG. 28. — Lampe Nernst (coupe).

Lampe-borne. — Dans la disposition représentée par la figure 29, comme dans la lampe Nernst qui figurait à l'Exposition de 1900 près de la Salle des Illusions d'optique, la spirale d'échauffement *c* et, par suite, l'électro *e* (*fig.* 28)

n'existent pas; la lampe est réduite au filament *f*
et à la résistance *v*.

Le brûleur est celui de la lampe Nernst (type B)
débarrassé de la spirale de chauffage, c'est-à-dire
que la pièce P*cf* de la figure 28 est réduite à la
pièce correspondante P*f* de la figure 29, de manière à n'intercepter, sur aucun point, la lumière

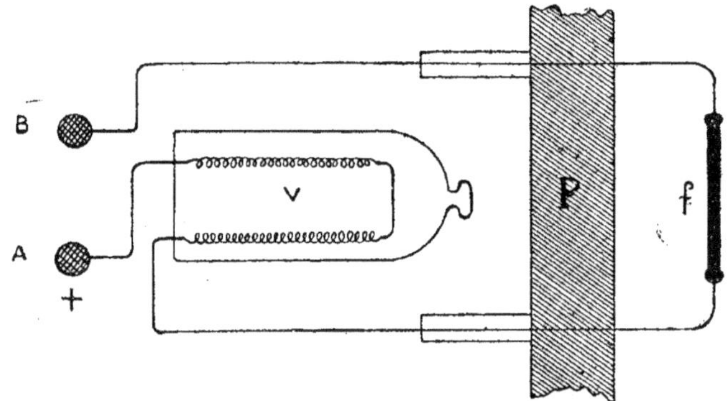

Fig. 29. — Schéma de la lampe-borne.

émise par le filament. On voit (*fig.* 29) que le courant, arrivant en A, passe dans le rhéostat *v*, puis
dans le filament *f*, pour retourner, par B, à la
canalisation.

Le brûleur P s'ajuste sur deux broches plantées
dans le haut d'une plaque isolante formant la
borne (*fig.* 30); le rhéostat glisse dans une sorte
de gaine métallique à ressort placée au-dessous
du brûleur.

L'ensemble de la lampe-borne est disposé de

façon que le centre du disque en porcelaine puisse se placer exactement sur l'axe optique de l'appareil à projections. La droite passant par le centre des lentilles du condensateur et de l'objectif est située, dans les lanternes ordinaires, à 12 ou 13 centimètres au-dessus du fond intérieur.

Fig. 30. — Lampe-borne (face et profil).

Pour obtenir un centrage parfait, il suffira de tourner, dans le sens convenable, la petite rondelle visible (*fig.* 30) au-dessous du rhéostat ; cette rondelle fait mouvoir une vis qui élève ou abaisse la partie supérieure de la lampe-borne.

MODE D'EMPLOI DE LA LAMPE-BORNE. — On examinera d'abord si, en plaçant la lampe-borne dans la lanterne dont on dispose, le centre du disque de porcelaine se trouve à peu près sur l'axe optique des lentilles ; si la différence de hauteur dépassait 2 centimètres, il faudrait préparer une cale (carton ou planchette) d'épaisseur convenable pour hausser suffisamment la lampe. On préparera, en outre, la prise de courant : si une lampe électrique se trouve au voisinage de la table du conférencier, la douille de cette lampe recevra le *bouchon-baïonnette* terminant l'une des extrémités du fil souple qui accompagne la lampe (*fig.* 30).

Il restera alors :

1° A établir la communication, en fixant le *bouchon-baïonnette* dans la douille, d'une part, puis en introduisant, d'autre part, la double cheville de l'autre extrémité du fil souple dans les deux trous correspondants, et en arrière, de la lampe-borne (*fig.* 30, profil) ;

2° A chauffer le filament *f* pour le rendre conducteur ; une allumette permet d'obtenir la température nécessaire si, la tige de bois étant placée parallèlement au filament, la flamme enveloppe bien ce dernier pendant quelques secondes.

Au lieu d'une allumette, on peut employer une petite lampe à alcool ou à essence, ou encore une bougie, à la condition que la flamme enveloppe entièrement le filament. Le mieux est de recourir à l'allumoir spécial représenté par la figure 31, composé de quelques brins de coton serrés par

un fil de fer, et que chacun pourra construire :
on trempe le coton dans un peu d'alcool, et on le
place enflammé au-dessous du filament.

FIG. 31. — Allumoir.

La figure 32 représente la **lampe-borne de
70 bougies;** le brûleur porte une spirale d'allumage appliquée sur la surface de la porcelaine,
immédiatement en dessous du filament.

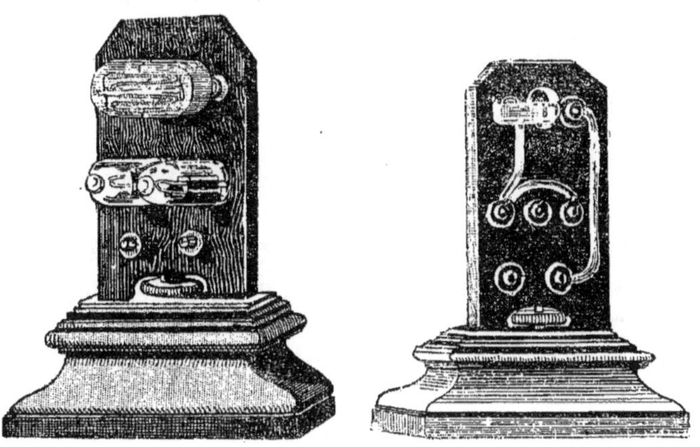

FIG. 32. — Lampe-borne de 70 bougies.

Après avoir établi les communications comme
précédemment, on fait passer d'abord le courant
dans la spirale en appuyant sur un ressort placé en

arrière du brûleur ; le contact est maintenu jusqu'au moment où le filament devient incandescent, c'est-à-dire pendant quarante ou cinquante secondes ; il faut un peu plus longtemps si l'air est agité autour du brûleur. Il est difficile d'allumer cette lampe avec une flamme d'alcool.

Indications a fournir au constructeur. — Le rhéostat destiné à équilibrer la résistance du filament n'est pas le même pour les deux lampes qui viennent d'être décrites, et il ne faudrait pas monter le brûleur de l'une sur l'autre : selon le cas, le fil de fer ou le filament Nernst serait fondu.

Le rhéostat de la lampe de 70 bougies (*fig.* 32) est formé de deux ampoules, tandis qu'une seule suffit pour 32 bougies (*fig.* 30).

Les résistances entre le brûleur et le rhéostat sont calculées pour un voltage donné ; il suffirait donc d'indiquer au constructeur le voltage du courant dont on dispose et l'intensité lumineuse que l'on désire, si une autre donnée n'intervenait dans la construction des lampes Nernst : celles-ci diffèrent, par exemple, pour une même intensité lumineuse et un même voltage, selon que le courant est alternatif ou continu ; il faudra donc donner aussi l'indication de la nature du courant. Cette indication est inscrite sur le brûleur même, et sur la boîte qui le renferme, au moyen de l'un ou l'autre des deux signes suivants : $=$ courant continu, $\sim$ courant alternatif.

On a inscrit, en outre, sur le brûleur et sur le rhéostat : 1° l'intensité en ampères, par exemple 0,25 A, 0,50 A ou 1 A, ce qui signifie $\frac{1}{4}$, $\frac{1}{2}$ ou 1 ampère ; 2° la tension en volts que chacun d'eux doit absorber en service normal, par exemple sur le brûleur 90 V et sur le rhéostat 20 V, ce qui fait un total de 110 volts. *La somme des tensions représentées par le brûleur et par la résistance doit être égale à la tension maxima de la distribution.*

En résumé, trois indications doivent être données au fabricant ou au marchand, dans la commande d'une lampe Nernst, borne ou autre : 1° la puissance lumineuse désirée, exprimée en bougies ; 2° la tension du courant dont on dispose, en volts ; 3° la nature de ce courant, alternatif ou continu.

III

LANTERNE SCOLAIRE TYPE

Des considérations exposées dans les deux chapitres précédents, on peut tirer des conclusions permettant d'établir les conditions essentielles d'un bon appareil scolaire. Ainsi que nous l'avons dit (p. 37), il s'agit de réunir, sous la forme d'un modèle ou type, l'outillage le meilleur et le plus pratique pour obtenir, dans une école ordinaire, aux cours du soir, ou chez soi, de bonnes projections lumineuses.

Il convient de choisir la lampe d'abord, selon les moyens dont on disposera pour l'alimenter ; on y adaptera ensuite une lanterne d'une forme simple, sans enjolivures inutiles, offrant, pour un prix modique, de sérieuses qualités optiques.

Choix de la lampe. — Si la salle est pourvue d'une canalisation électrique, la meilleure source lumineuse sera l'une des deux lampes représentées par les figures 30 et 32.

Si une conduite de gaz d'éclairage peut arriver à l'appareil, on choisira le bec spécial (*fig.* 25).

Dans le cas le plus fréquent, c'est-à-dire lorsqu'on ne dispose ni du gaz, ni de l'électricité, le mieux est de recourir à l'incandescence par l'alcool. Nous allons donner la description d'une lampe dans laquelle la plupart des inconvénients signalés précédemment sont supprimés.

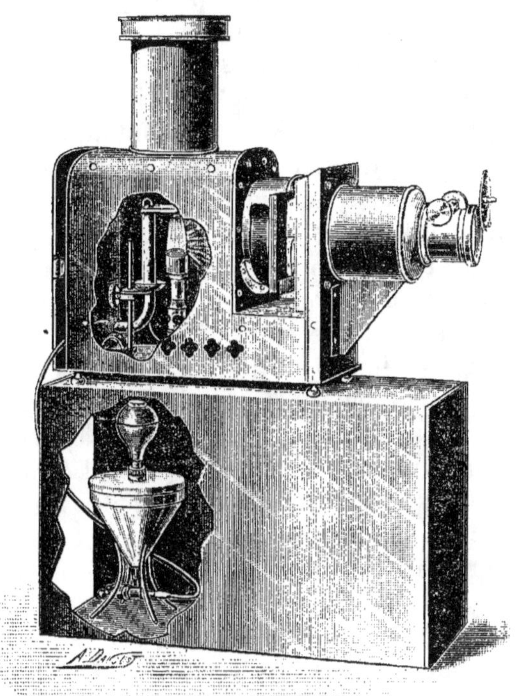

Fig. 33. — Lampe Eclipse dans sa lanterne.

La lampe à alcool dite **Eclipse,** déjà indiquée page 55, se compose de deux parties distinctes, reliées entre elles par un tube de caoutchouc : le foyer, qui entre seul dans la lanterne, et le réservoir à alcool, qui se place au-dessous (*fig*. 33).

Description d'une lampe type, à alcool. — L'alcool s'introduit par le tube-entonnoir E (*fig*. 35) qui descend de 2 centimètres environ dans le réservoir; la limite supérieure du niveau du liquide est donc la ligne horizontale *mn*.

Un bouchon à vis H qui permet de clore l'orifice E est percé, suivant son axe, d'un trou muni, à sa partie inférieure, d'une valve ou soupape S.

La poire en caoutchouc *p* se visse sur la partie supérieure du bouchon H; en la comprimant, une partie de l'air qu'elle contient abaisse la valve S et pénètre, par le tube-entonnoir E, dans la partie du réservoir située au-dessus de l'horizontale *mn* et que nous appellerons *chambre de compression*.

A la partie inférieure, le tube vertical *l* du pointeau s'élève de 1 centimètre environ dans le réservoir R; cette disposition a pour but d'éviter l'introduction, en P, des particules solides que pourrait renfermer l'alcool. Grâce à la forme conique du réservoir, ces impuretés se rassemblent dans la partie inférieure *i*, d'où on peut les extraire par aspiration avec le tube T (à gauche de la figure), et elles n'obstruent pas l'étroite canalisation du pointeau. La forme conique du récipient a surtout pour but de dégager la tête du robinet-pointeau afin d'en faciliter la manœuvre.

En tournant le robinet dans le sens du mouvement des aiguilles d'une montre, on amène le pointeau P (*fig.* 34) au fond de l'ouverture conique donnant passage à l'alcool ; quand la vis du pointeau est serrée *à bloc*, c'est-à-dire lorsqu'on ne peut plus tourner, dans le même sens, le robinet R, l'écoulement de l'alcool est arrêté complètement.

Si l'on *détourne* le robinet R, c'est-à-dire si sa rotation a lieu en sens inverse de celui des aiguilles d'une montre, l'orifice que fermait le pointeau s'ouvre peu à peu, et de plus en plus :

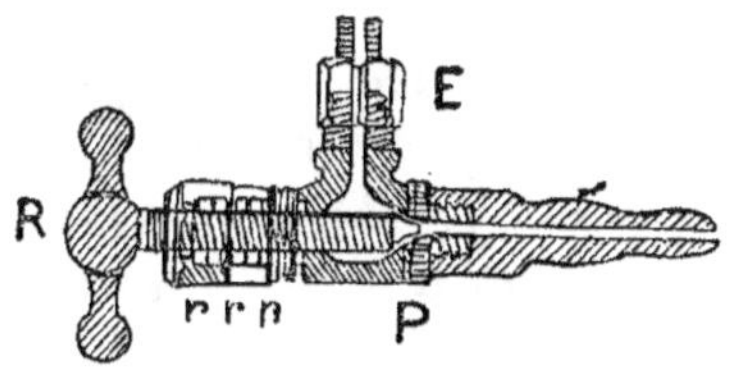

FIG. 34. — Détails du pointeau.
R. robinet du pointeau P. — E, écrou reliant le pointeau au réservoir d'alcool. — r, r.... rondelles de cuir faisant presse-étoupe.

on peut régler l'écoulement de l'alcool depuis une goutte à la seconde jusqu'à un mince filet continu, en passant par 3, 5, 10 gouttes, etc., à la seconde. C'est dire que la manœuvre du pointeau permettra d'augmenter ou de diminuer à volonté la quantité d'alcool s'écoulant dans un temps donné.

Ces conditions posées, on pourrait, théoriquement du moins, amener, dans la chambre de vaporisation, la quantité d'alcool nécessaire sans recourir aux propriétés capillaires d'une mèche, car on ne voit pas l'utilité de cette mèche puisque, dans une lampe à incandescence, on ne l'allume pas. Cependant l'expérience prouve qu'on obtient une régularité beaucoup plus grande, dans la production du gaz alcool, en augmentant notablement la surface d'évaporation. Si l'on se borne à amener directement le liquide dans la chambre de vaporisation, il se produit des soubresauts dus sans doute à la caléfaction, et qui font danser la flamme.

Voici la disposition qui nous a paru la meilleure : l'alcool arrive dans la chambre de vaporisation (*fig.* 35), après avoir parcouru un assez long chemin dans un tube chauffé où l'on a introduit, à l'aide d'un fil de fer f, une mèche de coton k qui le remplit complètement, sauf l'espace réservé pour la chambre de vaporisation. Une boucle terminant le fil de fer f réserve ce dernier espace, comme on l'a déjà vu à propos du changement de mèche (*fig.* 18); mais l'expérience prouve qu'il est inutile d'agrandir cet espace où l'alcool liquide n'arrive plus quand l'appareil est en pleine marche; la grande surface d'évaporation offerte par la mèche assure largement la production de gaz alcool si le combustible à volatiliser arrive en quantité suffisante.

L'alcool venu du réservoir R par l'orifice du bouchon à vis b est donc volatilisé à son arrivée en fx; il se rend ensuite, par le tube t, à la base du brûleur B, où il s'échappe par des orifices minuscules pratiqués en a. La vitesse du jet pro-

voque un appel d'air et assure un mélange parfait
entre le combustible sorti par l'ajutage et le comburant pénétrant par les orifices o.

Le mélange gazeux prend feu à sa sortie du
couronnement g, dont les orifices ménagés à la
partie périphérique seulement dirigent sur le
tissu du manchon la presque totalité de la
flamme.

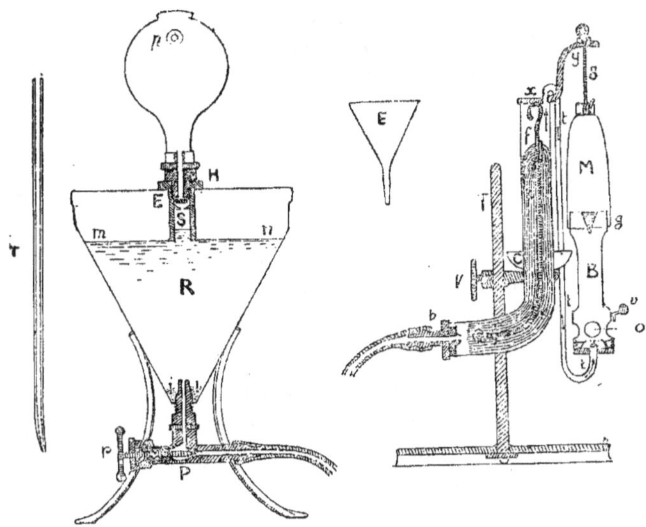

Fig. 35. — Lampe type, à alcool.

Mode d'emploi. — Pour mettre en marche
la lampe qui vient d'être décrite, on s'assure
d'abord que le tube en caoutchouc réunissant les
deux pièces est solidement ajusté, d'une part au

pointeau P, d'autre part au bouchon à vis *b*. Les deux pièces étant placées l'une à côté de l'autre sur une table, on fixe sur la tige T, au moyen de la vis V, le tube à mèche à la hauteur indiquée par la figure 35, c'est-à-dire telle que le niveau *mn* prolongé passe au-dessous de la chambre de vaporisation *fx*.

On enlève ensuite le bouchon H du réservoir R, on lui substitue un petit entonnoir et, le pointeau P étant ouvert, on verse de l'alcool jusqu'à ce qu'il s'élève dans le tube E.

Pendant cette opération, l'alcool est monté, dans la seconde branche de ce système de vases communicants, jusqu'au voisinage de la chambre de vaporisation ; on ferme alors le pointeau, puis, après avoir revissé à bloc le bouchon H et la poire *p*, on comprime celle-ci jusqu'à refus, de façon à obtenir, par l'introduction d'une suffisante quantité d'air dans la *chambre de compression*, la force élastique qui assurera l'ascension de l'alcool dans le tube à mèche. Remarquons que l'air insufflé par la poire ne viendra pas au brûleur, il ne jouera jamais le rôle de comburant : c'est simplement une sorte de ressort pressant sur l'alcool du réservoir.

Pour allumer la lampe, on verse de l'alcool dans la coupelle *c* de manière à la remplir presque complètement, et on l'enflamme : le haut du tube à mèche s'échauffe, bientôt quelques vapeurs d'alcool s'échappent par le couronnement du brûleur et, en s'enflammant, portent à l'incandescence quelques points du manchon. Ce dernier a été flambé, c'est-à-dire que le collodion qui l'imprégnait a pris feu dès l'inflammation de la coupelle.

Quand les dernières gouttes d'alcool se consument en c, le brûleur est en activité ; on ouvre alors doucement le pointeau pour laisser arriver peu à peu l'alcool et, en deux ou trois minutes, on arrive à le régler de façon à obtenir une flamme uniforme, sans soubresauts. Si le brûleur ne fait entendre aucun sifflement, on en conclut que le pointeau est trop fermé ; si le bruit du sifflement est tel qu'il gênerait l'audition de la voix du conférencier, c'est que le pointeau est trop ouvert : on tournera alors le robinet r, dans le sens convenable, pour obtenir un bruit modéré. On reconnaît que le pointeau laisse passer une quantité suffisante d'alcool en examinant la flamme du brûleur : son extrémité bleue dépasse, de 1 à 2 centimètres, la partie supérieure du manchon. On reconnaît surtout que le pointeau est bien réglé à ce qu'on obtient le maximum d'intensité lumineuse ; on voit croître cette intensité à mesure que l'on donne passage à une plus grande quantité d'alcool, mais il y a une limite au delà de laquelle la pression du jet chasse la flamme au sommet du manchon : c'est cette limite qu'il ne faut pas dépasser.

Avant de placer la lampe dans la position indiquée par la figure 33, il sera bon de comprimer à nouveau, et jusqu'à refus, la poire de caoutchouc p (*fig.* 35); on n'y touchera plus ensuite qu'une fois ou deux pendant la durée de la séance.

Pendant l'intervalle séparant la projection d'une vue, ou d'une série de vues, de la suivante, on peut mettre la lampe en veilleuse : il suffit pour cela de fermer le pointeau, puis de le rouvri.

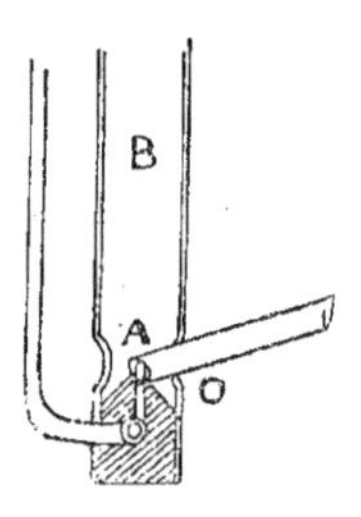

Fig. 36. — Extinction de la lampe.

légèrement, ensuite de tourner la virole par le petit bouton v, de façon à obstruer plus ou moins partiellement l'entrée de l'air par les orifices O.

Pour éteindre la lampe, on ferme complètement le pointeau, puis on maintient, pendant quelques secondes, sur l'ajutage A, comme l'indique la figure 36, le bout d'un tube de verre, celui d'un porte-plume métallique, ou simplement d'un cure-dent.

La forme du récupérateur de chaleur xy (*fig.* 35), qui diffère de celle des autres lampes (*fig.* 12 à 16), permet de soulever sans heurt, pour le recollodionner, le manchon qui vient de servir. Si l'appareil doit être transporté dans un autre local pour une séance ultérieure, il sera prudent de redonner de la résistance au manchon en opérant comme il a été dit page 58; on emploiera, pour le séchage, un support analogue à celui que représente la figure 37. Si la prochaine séance de projections doit avoir lieu dans la même salle, il sera inutile de toucher au manchon ; il suffira de mettre la lampe à l'abri des chocs et des courants d'air, en la logeant dans une armoire.

Simplification de la lanterne. — Pour loger et manœuvrer, dans une lanterne à projections, l'une ou l'autre des trois lampes précédemment choisies (à gaz, à électricité ou à alcool), il faut peu d'espace : la place de la source lumineuse et, en plus, la distance de celle-ci au condensateur (Voir *fig.* 4 et 6). Il suffira donc de donner pour fond, à la lanterne, un carré de 12 à 15 centimètres de côté, la partie optique restant en dehors.

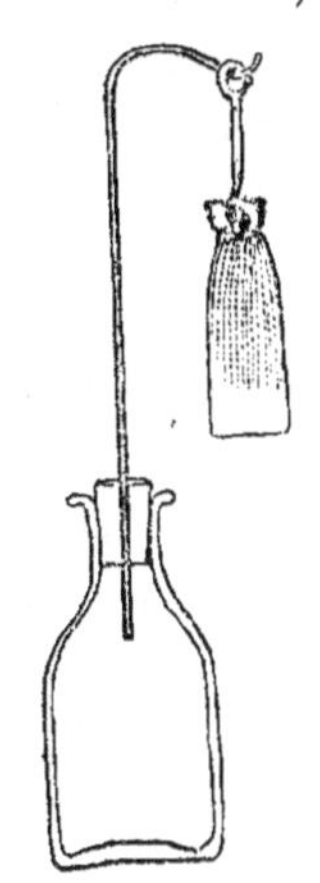

Fig. 37. — Séchage du collodion.

Il en résulte une simplification dans la construction du coffre de la lanterne et, en supprimant toute fioriture, mais en exigeant de la solidité, on pourra obtenir du constructeur, sans dommage pour les qualités optiques, une réduction de prix.

La Ligue de l'Enseignement[1] a procédé de cette façon, ce qui permet à ses adhérents de se procurer, à bas prix, un appareil supérieur, comme

---

1. Pour tous renseignements, s'adresser au secrétaire général, 16, rue de Miromesnil, Paris, VIII°.

rendement, à ceux qui coûtaient de 100 à 150 francs, il y a quelques années seulement. Pour une dépense moitié moindre, on peut acquérir aujourd'hui la lanterne, l'une des trois lampes et les accessoires (*fig.* 33).

Cette figure 33 représente une disposition recommandée pour la construction de la lanterne ; lorsque la lampe s'y trouve placée et fonctionne, que la porte est fermée ainsi que l'objectif, et qu'il n'existe pas d'autre source lumineuse éclairant la salle, celle-ci est plongée dans une obscurité complète (Voir p. 26). Le condensateur (11 centimètres) et l'objectif répondent aux conditions énumérées au chapitre Ier (p. 23 et suiv.), et en outre à celles indiquées ci-après.

Évaluations photométriques. — Pour se rendre compte de l'intensité lumineuse que produit, sur l'écran, un appareil à projections, deux éléments doivent être considérés : la puissance éclairante propre à la source, et l'augmentation de cette puissance sous l'action du système optique de l'appareil.

Divers procédés photométriques très simples, celui de Rumford, par exemple, permettent d'évaluer, avec une approximation suffisante, la puissance lumineuse d'un foyer comparé à un autre de même nature, pris comme unité.

Supposons qu'une lampe Edison ou Nernst, d'une intensité connue, soit placée en A (*fig.* 38) et

la source à comparer en B; une tige opaque, telle
qu'un cylindre de bois, un crayon, ou bien une
bougie, placée en C, portera sur l'écran E deux
ombres D et F qui peuvent devenir tangentes si
l'on rend plus aigu l'angle ACB, par suite son
opposé par le sommet DCF.

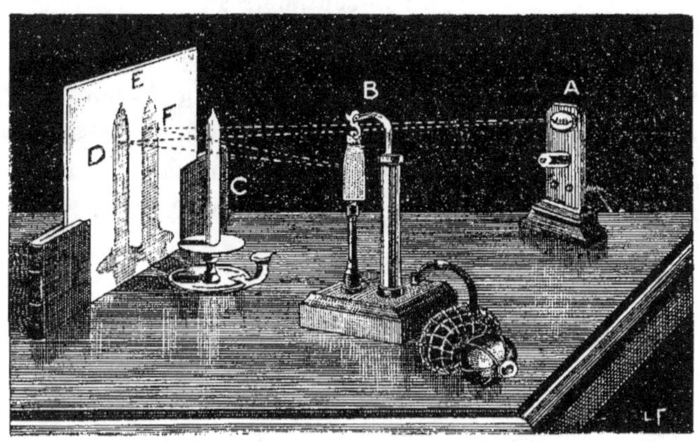

Fig. 38. — Comparaisons photométriques des sources.

La surface que couvre l'ombre D est éclairée
par la source B, celle de l'ombre F l'est par la
source A; en approchant ou en éloignant l'une
des sources, on arrivera à donner une égale intensité aux deux ombres, ce qu'on pourra juger
facilement si elles sont tangentes. De préférence,
on déplacera la source B et on laissera l'étalon A
à l'unité de distance.

L'égalité d'éclairement des deux bandes D et F

étant obtenue, on mesure la distance de chaque foyer à celle des deux bandes qu'il éclaire.

Soit

$$AF = 1 \text{ mètre}$$

et

$$BD = 75 \text{ centimètres.}$$

Les intensités des deux sources sont ici directement proportionnelles aux carrés de ces deux distances ; on peut donc écrire, en représentant par x l'intensité cherchée de la source B, et par 32 l'intensité connue de la source A évaluée en bougies :

$$\frac{x}{32} = \frac{75^2}{100^2} = \frac{5625}{10000},$$

d'où l'on tire

$$x = 0,5625 \times 32 = 18 \text{ bougies.}$$

En expérimentant sur les lampes indiquées précédemment, nous avons trouvé, pour la distance BD, des longueurs comprises entre 70 centimètres et $1^m,25$, la source lumineuse prise comme étalon étant une lampe Nernst de 32 bougies, placée à un mètre de l'écran. Le pouvoir éclairant des diverses sources examinées varie donc entre 16 et 60 bougies, en chiffres ronds.

Ces résultats s'écartent notablement des chiffres

fantaisistes inscrits sur quelques prospectus;
mais il convient de tenir compte de l'augmentation de puissance due à la partie optique de l'appareil à projection, augmentation qui s'élève parfois jusqu'au quadruple et que les prospectus ne
négligent pas.

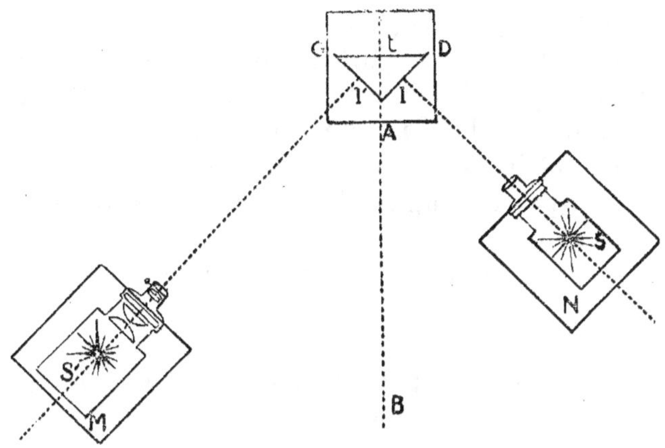

Fig. 39. — Comparaisons photométriques des appareils.

Nous avons évalué cette augmentation; le
matériel dont nous nous sommes servi pour
expérimenter est très élémentaire : il se compose
essentiellement de trois petites tables dont une au
moins est mobile et sur lesquelles on peut placer
une lanterne à projections ou un écran en forme
de dièdre droit.

La figure 39 représente le plan de l'installation :

en A, le sommet d'un dièdre formé de deux planchettes assemblées par une traverse *t* et figurées seulement par leurs traces sur le plan horizontal ; le dièdre est supporté par l'une des tables. Sur les deux autres tables, en M, une lanterne à projection complète, enfin, sur la table N, une lanterne de même forme que la première, mais démunie de toute sa partie optique.

Les deux faces du dièdre sont couvertes par une même feuille de papier blanc et, lorsqu'elles sont également éclairées, un observateur placé sur la bissectrice AB, à une distance de 2 ou 3 mètres, ne peut pas distinguer l'arête qui les sépare. Ceci posé, voici comment on opère en employant deux sources lumineuses *identiques*, une dans chaque lanterne.

Sur la table N, la lanterne est disposée de façon que son axe prolongé tombe perpendiculairement sur la face droite du dièdre, en I par exemple, et que la distance de la source lumineuse S à la face AD, c'est-à-dire la ligne SI, soit exactement de 1 mètre.

La table M mobile supporte la lanterne qui est munie de son condensateur et de son objectif ; on centre la source lumineuse en S' (Voir p. 94), et on tourne le pignon de l'objectif, de façon à obtenir le maximum d'intensité sur la face gauche AG du dièdre.

Puis on fait varier la distance S'I', en maintenant toujours l'axe optique perpendiculaire à la face AG, jusqu'à obtention de l'égalité d'éclairement des deux faces du dièdre. Il ne reste plus qu'à mesurer la longueur S'I' et à établir le rapport du carré des distances.

En essayant ainsi divers appareils, nous avons trouvé pour S'I' des longueurs variant de $1^m,40$ à 2 mètres, la distance SI étant 1 mètre; les variations d'intensité sont donc comprises entre

$$\frac{140^2}{100^2} \text{ et } \frac{200^2}{100^2}, \text{ c'est-à-dire entre 2 et 4.}$$

En résumé, un des effets du système optique de l'appareil à projections est d'augmenter notablement l'intensité lumineuse sur l'écran; avec les lanternes ordinaires, cette augmentation varie du double au quadruple : le condensateur a donc, selon sa définition (Voir p. 6), condensé la lumière qu'il a reçue.

Le tableau ci-après (p. 88) résume les résultats de nos évaluations photométriques.

Les appareils analogues à la lanterne scolaire type ont été inscrits, au catalogue officiel, par la Commission du matériel scientifique des écoles normales et primaires supérieures siégeant au Musée pédagogique; il en a été de même pour les lampes électriques Nernst, les lampes à alcool dites *Eclipse* et *R et M*.

La Commission des projections à la Ligue de l'Enseignement a pris une décision semblable (décembre 1903).

Comparaisons photométriques

NATURE de la SOURCE LUMINEUSE	POUVOIR ÉCLAIRANT EN BOUGIES		NUANCE de la LUMIÈRE OBTENUE
	PROPRE A LA SOURCE	AUGMENTÉ PAR LE SYSTÈME OPTIQUE DE L'APPAREIL	
Lampe américaine à pétrole (4 ou 5 mèches)..	12 à 16	20 à 50	rougeâtre
Bec Auer ordinaire......	16	32 à 50	blanc verdâtre
—— spécial pour projections.............	20 à 30	50 à 100	blanc verdâtre
Lampe à incandescence Edison.............	16	32 à 50	jaunâtre
Lampe Nernst 1/2 ampère 110 volts...........	32	60 à 120	blanc jaunâtre
Lampe « Eclipse » [1].....	30 à 60	60 à 200	blanc verdâtre
Lampe Nernst intensive.	70	130 à 250	jaunâtre

1. Le pouvoir éclairant des diverses lampes à incandescence alimentées par l'alcool varie dans des limites assez étendues ; de plus, une même lampe ne donne pas toujours la même puissance lumineuse, les manchons employés n'étant jamais identiques. Le projectionniste qui achète une lampe à alcool, quel que soit le modèle de celle-ci, devra d'abord s'exercer au maniement de son nouvel appareil, de manière à bien connaître les conditions les plus favorables à son bon fonctionnement ; ces conditions dépendent surtout de la pression à donner à la poire, de l'ouverture du robinet ou du pointeau, de la position du manchon au-dessus du brûleur, etc., et, en général, de l'ensemble des dispositions indiquées précédemment.

IV

PRÉPARATION ET EXÉCUTION
DES PROJECTIONS

Nous supposerons que le projectionniste possède une bonne lanterne munie d'une source lumineuse d'intensité suffisante, en un mot un appareil scolaire type tel qu'on l'a précédemment décrit ; il s'agit maintenant d'indiquer comment il faudra procéder pour obtenir des images aussi parfaites que possible sur l'écran.

Préparation de l'écran. — Une bonne projection sur un écran malpropre ou chiffonné ressemble à une belle gravure dont le papier a été sali ou froissé ; on devra donc s'astreindre à avoir un écran parfaitement blanc, bien plan s'il s'agit d'un mur, tendu sans plis s'il s'agit d'une toile.

Le mur servant d'écran devra être peint d'un blanc mat, avec une pointe de rose, si la source lumineuse donne une lumière verdâtre, avec une pointe de bleu, si elle est jaune rougeâtre.

Le mieux est d'avoir un écran mobile qu'on

place où l'on veut, même au milieu des auditeurs (*fig.* 41), s'ils sont nombreux, les uns voyant l'image par transparence, les autres par réflexion.

La figure 40 représente un agencement permettant de tendre un écran en faisant disparaître tous les plis.

Soit une toile calicot de 2 mètres de côté, ourlée et portant des œillets tout autour ; il s'agit de la tendre sur un cadre dont les côtés A, B, ..., assemblés à mi-bois et à queue d'aronde, portent des vis ou des clous espacés de 10 à 15 centimètres ; les dimensions intérieures de ce cadre sont celles de la toile qu'on y doit tendre au moyen de quatre ficelles passant dans les œillets o, o, ..., et sur les clous c, c, ..., plantés en quinconces par rapport aux œillets. Un fort piton à vis pénétrant au milieu de l'assemblage de chacun des angles reçoit les deux bouts de ficelle qu'on a fait passer dans l'œillet d'angle, et qu'on a noués sur l'anneau du piton après les avoir tirés le plus possible pour tendre la toile.

On choisit de préférence de la ficelle câblée dite *à fouet* ; si on la frotte préalablement d'un morceau de cire ou de savon dur, on en facilitera le glissement sur les clous c, c ..., et dans les œillets o, o ... ; en tournant ensuite les pitons pour les visser davantage dans le bois, l'enroulement de chaque ficelle achèvera de tendre la toile.

Cependant, il pourra rester des plis nombreux et très apparents ; pour les faire disparaître beaucoup mieux qu'en employant un fer à repasser, on mouillera la toile au moyen d'une éponge très propre trempée dans de l'eau ordinaire également très propre : la tension obtenue ainsi est telle qu'il ne reste pas un seul pli. En séchant, la toile se détendra, mais les plis ne reparaîtront pas, et il suffira de serrer à nouveau les pitons pour obtenir un écran parfaitement plan, et d'une blancheur parfaite si la toile employée l'était préalablement.

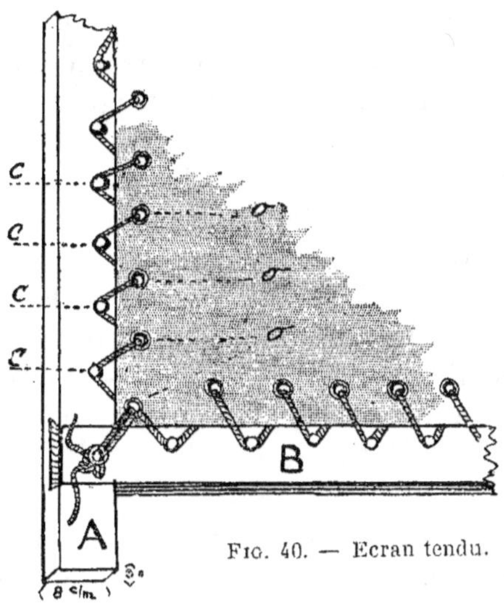

Fig. 40. — Écran tendu.

L'image projetée sur l'écran peut être vue par réflexion ou par transparence ; le conférencier choisit l'un ou l'autre mode, d'après les dispositions de la salle.

Si, par exemple, la longueur de la pièce étant

bien supérieure à sa largeur, l'auditoire est insuf-
fisant pour la remplir, le conférencier placera sa
table vers le tiers de la longueur, l'écran à côté,
face au public, et la lanterne en arrière. L'image
projetée sera vue par transparence et d'autant plus
nettement que cette transparence sera plus grande:
on l'augmente notablement en mouillant la toile
de l'écran par le procédé qui a servi à la tendre.

Si la projection doit être vue par réflexion, elle
gagne à l'opacité de l'écran, qu'il faut se garder
de mouiller ; certains opérateurs recommandent
même de l'empeser d'un amidon épais.

Si la disposition de la salle oblige les auditeurs
à se placer des deux côtés de l'écran, comme l'indique la figure 41, le plus grand nombre des
places se trouve du côté *transparence*, le plus
petit de l'autre côté, et à proximité de la toile, afin
de compenser, par une moindre distance, la diminution d'éclairement par réflexion, sur une surface
qui se laisse facilement traverser par les rayons
lumineux.

Centrage et mise au point. — L'emplace-
ment de la lanterne, de l'écran et de la table du
conférencier étant déterminé, il est nécessaire, si
l'on veut prévenir tout accroc pendant la séance,
de ranger avec soin tous les objets dont se servira
l'opérateur, de façon à lui éviter tout tâtonnement,
toute fausse manœuvre produisant généralement
mauvais effet devant le public.

La source lumineuse, en particulier, doit être essayée à l'avance : on doit connaître sa place exacte dans la lanterne, et la hauteur à laquelle il faut l'élever pour que le centre de la portion la plus lumineuse se trouve exactement sur l'axe optique du condensateur et de l'objectif. Il faut, en outre, s'assurer que *l'axe optique prolongé tombe perpendiculairement au milieu de l'écran.*

Fig. 41. — Conférence avec projections.

Si l'écran 'est placé verticalement, son centre devra se trouver à la même hauteur exactement, au-dessus du parquet, que le centre de l'objectif, la lanterne reposant sur un plan horizontal.

Il est parfois avantageux d'élever l'écran vers le plafond, et de l'incliner en avant, de façon à en rendre l'observation plus commode pour l'auditoire : dans ce cas, la lanterne sera relevée en avant de façon que *son axe optique prolongé tombe perpendiculairement au centre de l'écran.* Cette condition est nécessaire pour éviter la déformation des images.

L'écran et la lanterne étant placés à une distance de 3 à 4 mètres l'un de l'autre (4 mètres est un maximum pour les appareils scolaires ordinaires), on doit, avant l'arrivée du public : 1° centrer la lampe ; 2° essayer la mise au point de l'image.

CENTRAGE. — Centrer la lampe dans la lanterne veut dire trouver exactement la place (en profondeur, à droite ou à gauche, et en hauteur) pour laquelle on obtient, sur l'écran, le maximum d'éclairement et d'uniformité. Pour cet essai, on ne met pas de vue dans le châssis, on se contente d'ouvrir l'obturateur de l'objectif ; les observations à faire ont été clairement indiquées par M. Molteni dans les termes suivants :

« Si le centrage est parfait, le disque est uniformément éclairé comme en A (*fig.* 42).

« Si le point lumineux, tout en étant bien exactement à la hauteur de l'axe des lentilles, est trop rapproché, le disque présente, comme en B, un centre éclairé, entouré d'une pénombre bleuâtre. Au contraire, lorsque le point lumineux est trop éloigné, l'aspect est le même, avec cette différence toutefois que la pénombre est rougeâtre.

« Si le point lumineux est trop à gauche, le

disque présente l'aspect C, avec une pénombre à gauche.

« Le point lumineux disposé trop à droite donne une pénombre à droite comme en D ; placé trop haut, la pénombre s'élève comme en E.

« Enfin, si le point lumineux est trop bas, la pénombre descend comme en F.

« Il est facile, à l'aide de la figure ci-contre, en ayant soin de la graver dans sa mémoire, d'apprécier de suite l'effet produit par les excentricités de la source lumineuse et de trouver sur le champ ce qu'il y a à modifier pour obtenir le disque parfait A [1]. »

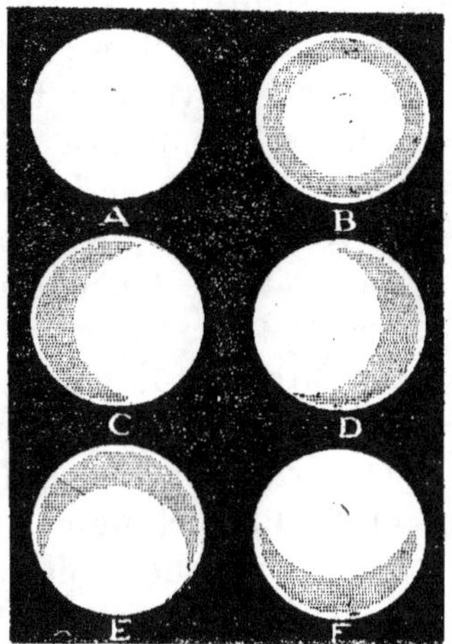
Fig. 42. — Centrage du foyer lumineux.

Une pénombre centrale apparaît parfois lorsque la lanterne vient d'être transportée d'un milieu froid dans une salle relativement chaude : la vapeur d'eau se condense en buée sur les lentilles peu conductrices et obscurcit le centre du disque projeté sur l'écran. La buée persiste jusqu'au moment où le système optique a pris la tempéra-

1. *Instructions pratiques*, par A. Molteni : 3 fr. 50 ; 44, rue du Château-d'Eau, Paris, X°.

ture ambiante. On remédiera à cet inconvénient en appliquant le conseil suivant.

MISE AU POINT. — On s'assurera préalablement que les lentilles de tout le système optique sont parfaitement nettes ; à l'aide d'une peau de chamois, on enlèvera les taches qu'aurait pu produire le contact des doigts. Il sera bon de vérifier aussi, au point de vue de la netteté, les clichés à glisser dans le châssis ; on enlèvera avec soin toute poussière ou toute tache qui diminuerait la transparence de l'image.

On introduit le châssis dans la coupure qui lui est réservée entre le condensateur et l'objectif de la lanterne ; au lieu d'un disque, on obtient sur l'écran un rectangle uniformément éclairé si le centrage indiqué ci-dessus a été obtenu. La pièce du châssis qui sert de glissière au porte-vues sera placée bien symétrique par rapport à l'axe optique, de façon que le rectangle projeté sur l'écran ne soit ni gauche, ni déformé.

Alors on garnira la partie mobile du châssis des deux premières vues à projeter, les autres vues étant rangées dans l'ordre où elles doivent être introduites.

La vue doit être renversée dans le châssis, c'est-à-dire que le haut se trouvera en bas, la droite à gauche. Pour ne pas se tromper en glissant la vue, l'opérateur fera bien de coller une petite étiquette blanche (un *confetto*) du côté face de l'épreuve, en bas et à droite ; c'est sur cette étiquette qu'il posera le pouce de la main droite pour saisir la vue : celle-ci sera bien placée *si elle est introduite la tête en bas, la face tournée vers le condensateur*, lorsque la projection doit être vue par réflexion. Si elle doit être vue par transparence, *la face de l'épreuve sera tournée vers l'écran.*

Pour le cas indiqué (*fig.* 41), l'une des deux images observées, par réflexion ou par transparence, ressemblera à celle d'un objet vu dans une glace : la droite se verra à gauche, et réciproquement.

Pour *mettre au point*, c'est-à-dire pour obtenir sur l'écran la plus grande netteté de l'image qui s'y trouve projetée, il suffira de tourner, dans le sens convenable, le pignon engrenant avec la crémaillère de l'objectif, comme on le fait pour un appareil photographique ordinaire.

On a montré (*fig.* 36) comment on éteint la lampe à alcool ; pour les autres lampes, il suffit de fermer la conduite de gaz ou de couper le courant électrique. Il est prudent de ne pas exposer les lentilles du condensateur à un refroidissement trop brusque ; aussi doit-on conseiller au conférencier de tenir sa lanterne fermée, pendant quelques minutes, lorsqu'il vient d'éteindre la lampe ; le courant d'air froid qui pénètre dans la lanterne au voisinage du condensateur pourrait devenir funeste à la lentille intérieure de ce dernier.

Vues pour projections. — Dans les différents genres de vues à projeter, l'image est ordinairement fixée sur une plaque de verre dont la dimension, pour les appareils français, est exactement de $8^{cm},5 \times 10$ centimètres; le format anglais est de 8×8 centimètres. Parfois c'est une pellicule mince de papier, de gélatine, de celluloïd, etc., qui a reçu une image imprimée ou un dessin exécuté à la main, et qu'on fixe ensuite sur la plaque au moyen d'un vernis transparent; mais, le plus souvent, la vue à projeter est une épreuve photographique positive sur verre, autrement dit un *diapositif*.

DIAPOSITIFS. — Toutes les fois qu'il s'agit d'une reproduction d'œuvre d'art (tableau, statue, etc.), d'un paysage ou d'un portrait, c'est à l'épreuve photographique qu'on doit recourir; les épreuves pelliculaires imprimées doivent ici être rejetées comme dépourvues de qualités artistiques. On trouve aujourd'hui, au prix de 50 centimes pièce, des épreuves photographiques sur verre qui sont irréprochables et dont la projection, sur un écran convenablement installé, donne un tableau de réelle valeur : on n'en devrait pas mettre d'autres sous les yeux du public.

VUES CIRCULANTES. — Le Musée pédagogique, 41, rue Gay-Lussac, à Paris, possède une riche collection de diapositifs de tout genre qui est mise gratuitement à la disposition des instituteurs conférenciers ; l'envoi est fait en franchise par la poste : il suffit d'adresser une demande, deux ou trois semaines à l'avance, pour recevoir une série de vues adaptées à la conférence à faire.

La Ligue française de l'Enseignement, 16, rue de Miromesnil, à Paris, a organisé de nombreux *centres de vues circulantes* où les conférenciers peuvent s'approvisionner. Toute Société adhérente à la Ligue peut devenir un de ces centres ; il serait à désirer que chacune des 3 000 Sociétés fédérées le devînt, c'est-à-dire consentît la dépense nécessaire à l'acquisition de quelques séries de vues, ce qui lui permettrait d'obtenir un prêt indéfiniment renouvelable, et gratuit, de quelques douzaines d'autres séries. L'unique obligation de la société adhérente emprunteuse est de *faire circuler les vues ;* elle supporte, en outre, la dépense résultant : 1° du transport, en colis postal, de l'aller et retour pour Paris ; 2° du remplacement des vues cassées ou mises hors d'usage.

PHOTOGRAPHIES D'AMATEURS ; COLORIAGE. — Un bon cliché d'amateur photographe peut servir à l'obtention d'un diapositif pour projections : on délimite sur ce cliché, au moyen d'un *cache* en papier, le rectangle $8,5 \times 10$ centimètres qu'il s'agit de reproduire ; puis, dans la chambre noire, sous lumière rouge ou mieux sans lumière, on place une plaque au gélatino de $8,5 \times 10$ centimètres sur la partie réservée, les deux faces collodionnées l'une contre l'autre, et on enferme le tout dans un châssis à tirage, comme s'il s'agissait de tirer une épreuve sur papier. Un carton opaque étant placé sur le cadre du châssis, on porte celui-ci à la lumière diffuse et on enlève le carton pendant une seconde ou plus (une première expérience renseignera sur le temps de pose); on remet le carton sur le châssis et il ne reste plus qu'à développer l'épreuve. Lorsque celle-ci a été fixée, lavée, séchée, on recouvre la face gélatinée d'une plaque de verre mince de même dimension que la première, et l'on réunit le tout en collant sur la tranche une bande de papier qui se rabat de 3 ou 4 millimètres sur les bords. Le diapositif ainsi préparé est prêt à être glissé dans le châssis à projections.

Avec un cliché négatif, on tire autant d'épreuves positives que l'on veut; les amateurs pourront, par des échanges, augmenter considérablement leur propre collection de vues à projeter.

Avant le montage de l'épreuve diapositive sous la plaque protectrice, on peut la colorier; c'est une opération assez facile pour qui sait tenir un pinceau d'aquarelliste et, quand il s'agit d'un paysage, l'image projetée gagne beaucoup à être rehaussée de couleurs bien choisies.

*

Vues pelliculaires. — Il en est d'acceptables, mais on en vend dont l'exécution est si grossière qu'on n'en saurait conseiller l'emploi.

Aucun des procédés employés jusqu'ici n'a permis d'obtenir des épreuves pelliculaires comparables aux diapositifs photographiques, surtout si le sujet revêt un caractère artistique. Il conviendrait de restreindre l'usage des vues pelliculaires pour les images descriptives, plans, coupes, schéma, cartes, etc., et pour quelques fantaisies récréatives ; quelques sujets de sciences naturelles se prêtent bien aux vues pelliculaires même coloriées.

DESSINS SUR VERRE. — On peut enfin préparer des dessins à projeter en copiant sur verre, à l'encre noire ou coloriée, la figure que l'on veut projeter ; il existe divers procédés ayant pour défauts communs d'exiger une certaine habileté et beaucoup de temps, nous en indiquerons seulement deux.

Emploi du verre dépoli. — Le vitrier voisin consentira à couper, dans des restes de verre dépoli, les quelques plaques 8,5 $\times$ 10 centimètres dont on aura besoin ; on fera bien d'émousser les arêtes de chaque morceau en les passant à la meule, ou en les frottant sur un pavé mouillé saupoudré de sable. Pour préparer la vue à projeter, on place sur le dessin à reproduire l'une des plaques préparées comme il vient d'être dit, la face dépolie en dessus ; avec un crayon ou une plume, on copie le dessin, c'est-à-dire qu'on en suit les contours. On peut employer l'encre de Chine concurremment avec le carmin, l'encre bleue, etc. ; s'il s'agit, par exemple, d'un dessin géométrique en plan, coupe, élévation, le carmin servira pour les lignes de construction, l'encre bleue pour les lignes de rappel, l'encre de Chine pour le reste, c'est-à-dire pour la partie principale.

Le dessin terminé sur la face dépolie du morceau de verre, on n'obtiendrait, en glissant l'épreuve dans le châssis, qu'une projection sombre ; elle sera rendue claire par un simple artifice qui consiste à vernir la face dépolie de manière à lui rendre sa transparence primitive. A cet effet, on recouvre la face dépolie, maintenue horizontalement, d'une légère couche de vernis, on égoutte le surplus en inclinant la plaque. Le vernis dit à tableaux, étendu du double de son volume de benzine ou d'essence de pétrole, convient pour cet usage ; à défaut de ce produit, on peut employer une dissolution de deux parties de résine (colophane) dans dix parties d'alcool ordinaire, dénaturé ou non.

Emploi du verre ordinaire. — Les plaques seront préparées comme il vient d'être dit pour le verre dépoli. On peut dessiner, sur le verre à vitre ordinaire, en se servant d'encre de Chine additionnée de colle : huit gouttes d'encre de Chine liquide pour une goutte de colle, telles qu'on les achète chez les libraires, constituent ordinairement une bonne proportion. Cependant, comme l'encre et la colle sont de composition variable dans les flacons vendus en librairie, on devra essayer la mixture et modifier, au besoin, les proportions de sa composition de façon à obtenir une encre qui adhère au verre sans s'étendre.

Au lieu de mettre la colle dans l'encre, on peut la répandre préalablement sur le verre: la gélatine, la gomme, la résine, etc., peuvent servir, mais il faut, pour obtenir un résultat satisfaisant, une sorte de coup de main que la pratique seule peut enseigner.

Voici un procédé qui réussit généralement bien : il consiste à recouvrir la plaque de verre d'une mince couche de résine obtenue par évaporation de l'essence de térébenthine.

On sait que l'essence de térébenthine s'oxyde à l'air en se résinifiant, c'est-à-dire en se transformant en un corps solide, la colophane. Si l'on verse, sur une plaque de verre, une légère couche d'essence de térébenthine et qu'on en fasse écouler l'excès en inclinant la plaque, si l'on attend ensuite que l'essence soit évaporée ou, plus exactement, résinifiée, la plaque de verre sera couverte d'une mince couche de résine sur laquelle on peut dessiner au crayon, à l'encre de Chine, etc. Un conseil à ce sujet: si l'on dessine à la plume, il en faudra souvent nettoyer le bec, à cause du petit bourrelet qui s'y forme, et qui nuirait à la pureté du trait.

Dessins sur papier. — Enfin, on peut dessiner sur papier calque, ou mieux sur papier mince qu'on rend ensuite tout à fait transparent par l'application d'un vernis. Ce procédé convient particulièrement pour les décalques.

On peut projeter autre chose que des photographies ou des dessins ; les résultats d'une expérience, ou l'expérience elle-même, peuvent donner sur l'écran un agrandissement qui équivaut, pour le public, à une observation directe du phénomène vu, par l'observateur, à la distance de vision distincte. La projection d'une expérience, lorsqu'elle est réussie, a toujours un grand succès devant l'auditoire ; aussi conseillons-nous aux instituteurs conférenciers d'en réaliser quelques-unes pour les conférences ou causeries ayant un caractère scientifique.

Le chapitre suivant fournira, à ce sujet, des indications utiles et pratiques.

V

EXPÉRIENCES ET OBJETS A PROJETER

Les photographies positives sur verre et les dessins transparents ne sont pas les seuls objets servant aux projections lumineuses ; certains résultats d'expériences, le matériel même d'expérimentation, lorsque ses dimensions le permettent, fournissent d'excellents sujets à projeter. Nous allons indiquer, dans ce chapitre final, quelques projections d'une réalisation facile et dont la réussite est toujours bien accueillie du public ; elles se répartissent en trois séries :

La première n'exige aucune modification dans l'outillage employé précédemment ; la seconde nécessite l'emploi d'une cuve transparente ; pour la troisième, il faut en outre une pile électrique.

PREMIÈRE SÉRIE

Optique. — Le condensateur de la lanterne à projections peut servir à réaliser quelques expériences intéressantes à projeter sur l'écran, notamment l'image agrandie du foyer lumineux placé dans l'appareil; l'expérience ayant été décrite page 14, il n'y a pas à y revenir.

EXPÉRIENCES DIVERSES. — Le condensateur étant en place dans l'appareil à projections et l'objectif enlevé comme pour l'expérience précédente, on placera, ainsi qu'on l'a dit page 15, la source lumineuse exactement au foyer du condensateur : on constatera que les rayons lumineux partis de la lanterne vers l'écran *se propagent en ligne droite*.

Le faisceau cylindrique de rayons lumineux sera rendu plus visible en y projetant de la fumée, ou de fines poussières (agiter, par exemple, le chiffon servant à essuyer le tableau noir).

Ombre et pénombre. — Une projection bien faite n'est autre chose que la production d'ombres nettes, sur l'écran, au moyen de traits opaques placés dans le châssis à vues.

En enlevant le châssis, on obtient sur l'écran l'un des disques représentés sur la figure 42 ; en examinant le faisceau lumineux, on distingue aisément, près de l'objectif, un lieu de convergence des rayons, un foyer; si l'on prend ce foyer comme source lumineuse, on pourra projeter sur l'écran des ombres d'autant plus nettes que le corps opaque sera placé plus près de l'écran.

En faisant voyager, entre l'objectif et l'écran, un carton découpé comme l'indique la figure 43 A, on

obtiendra un dessin dont les traits s'adouciront peu
à peu, par augmentation de la pénombre (*fig.* 43 B),
à mesure qu'on se rapprochera de l'objectif ; la
dureté du trait s'accentuera au contraire d'autant
plus que le carton découpé sera plus près de
l'écran. Il existe une position intermédiaire pour
laquelle on obtient un dessin bien estompé.

Fig. 43.
Ombre et pénombre.

Fig. 44. — Silhouette du lapin.

Ombres chinoises. — La disposition précédente
est particulièrement favorable pour produire les
silhouettes bien connues de quelques animaux
(coq, lapin, chèvre), de quelques personnages
(moine, garde champêtre), etc., projetées au moyen
d'une disposition particulière des mains et des
doigts (*fig.* 44).

Réflexion. — Placer un miroir incliné dans l'un
des faisceaux lumineux précédents, montrer ce
qu'on entend par *angle d'incidence*, par *angle de
réflexion*, comparer la valeur de ces deux angles
et montrer, avec un faisceau étroit, que leurs côtés
sont dans un même plan.

RÉFRACTION ET DISPERSION. — On peut confectionner, sans grande difficulté, une petite cuve à deux faces non parallèles et transparentes qui servira de prisme ; le plus facile est de construire la cuve au moyen de trois planchettes réunies en forme d'un prisme droit à base triangulaire. Deux de ces planchettes porteront une ouverture rectangulaire, plus haute que large, sur laquelle on collera une plaque de verre avec de la *seccotine*, par exemple. Le fond et les arêtes de la cuve ayant été rendus étanches en y coulant de la cire ou de la paraffine, le vase ainsi obtenu pourra contenir de l'eau. Si l'étanchéité n'est pas parfaite, on posera le prisme sur une soucoupe qui retiendra l'eau écoulée et, pendant l'expérience, on versera de temps en temps de nouvelle eau dans le vase pour le maintenir rempli.

Le mieux est d'avoir un véritable prisme en verre [1] ; on peut se servir aussi d'un bouchon de carafe taillé en prisme, ou encore d'une de ces glaces posées le long de certaines portes, désignées sous le nom de *plaques de propreté*, et dont le biseau ou chanfrein constitue un prisme. Voici les expériences qu'on pourra réaliser.

Spectre lumineux. — La lanterne étant préparée comme pour une projection ordinaire, on place, dans le châssis à vues, un carton mince de

---

1. Celui du nécessaire expérimental des écoles primaires coûte 2 francs.

8,5 × 10 centimètres, au milieu duquel on a
pratiqué, au moyen d'un canif, une fente rectangulaire verticale d'environ 4 centimètres de long
sur 1 millimètre de large. La lampe étant bien
centrée, on projette et on met au point, sur
l'écran, l'image de cette fente ; on tourne ensuite
doucement la lanterne de manière à envoyer
l'image, à 1 mètre ou 2, à droite ou à gauche de
l'écran. Remarquer que la propagation des rayons
lumineux se fait *en ligne droite.*

Sur un support de hauteur convenable, on place
le prisme dont on dispose (prisme en cristal
taillé, bouchon de carafe, plaque de propreté ou
cuve à eau pris-
matique) de ma-
nière que les arêtes
soient verticales,
et que la partie
du dièdre qui doit
être utilisée puisse
pénétrer dans le
faisceau lumineux
sortant de l'objec-

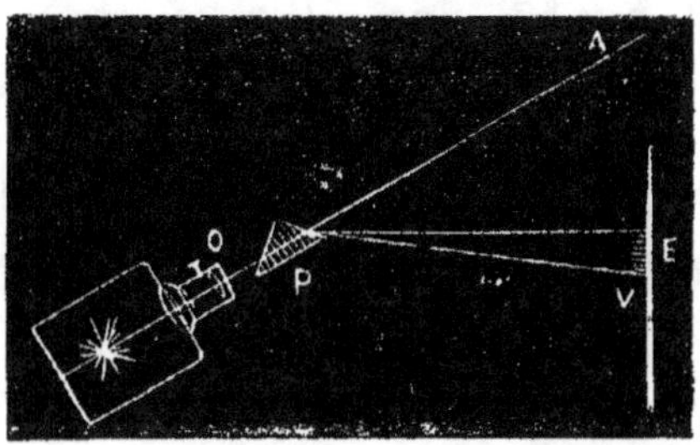

Fig. 45. — Réfraction et dispersion.

tif (*fig.* 45). Ce faisceau chemine en ligne droite,
de l'objectif O en A, sur le mur, à gauche de l'écran ;
en faisant pénétrer le sommet du dièdre du prisme
P dans le faisceau OA, une déviation se produit,
et le chemin parcouru par les rayons lumineux
devient la ligne brisée OPE. Cette déviation constitue le phénomène de la *réfraction.*

Mais ce n'est pas tout. Tandis que la trace du faisceau en A donnait l'image de la fente placée dans le châssis à vues, c'est-à-dire un rectangle géométriquement semblable à cette fente même, la trace sur l'écran E est beaucoup plus large qu'en A et, au lieu de rester blanche, elle offre toutes les nuances de l'arc-en-ciel, du rouge jusqu'au violet. La lumière a été décomposée, on a produit le phénomène de *dispersion*.

Le tout étant bien au point et le prisme dans la position du minimum de déviation, on pourra même produire la raie D de Fraunhofer en plaçant entre l'objectif et le prisme, c'est-à-dire en O (*fig.* 45), une petite lampe à alcool (la confectionner avec une fiole encrier) dont la mèche aura été saupoudrée de sel de cuisine. Le phénomène ne s'observe que de près; la fente du carton doit être très étroite.

Couleur des corps. — Les papetiers vendent des pellicules de gélatine colorée : s'en procurer de rouges et de bleues. En plaçant une pellicule rouge sur le trajet du faisceau avant ou après le prisme, on éteint toutes les couleurs du spectre sauf le rouge; conclusion : *par transparence,* un corps est rouge parce qu'il se laisse traverser seulement par la lumière rouge.

Si l'on superpose une pellicule bleue à une pellicule rouge, il ne passe plus aucune lumière; l'ensemble des deux lames forme un écran opaque.

Par réflexion, un corps est rougé s'il réfléchit les rayons rouges, bleu s'il réfléchit le bleu, etc. ; si l'on place, dans le spectre lumineux obtenu précédemment, des bandes colorées en rouge, en bleu, etc., chaque échantillon paraîtra noir dans les régions du spectre qui ne sont pas de sa propre couleur ; il sera au contraire très brillant dans la partie du spectre qui est de sa couleur.

Un moyen élégant de faire cette constatation consiste à promener, dans le spectre, un bouquet tricolore (coquelicots, bluets et marguerites) : les coquelicots, très brillants dans le rouge, paraissent noirs ailleurs ; les bluets, également noirs ailleurs que dans le bleu ; enfin les ligules des marguerites prennent les colorations qu'elles reçoivent.

Fig. 46. — Deux carrés égaux.

Illusions d'optique. — Au centre d'une feuille de papier opaque de $8^{cm},5 \times 5$ centimètres, découpez un carré et collez les deux morceaux obtenus sur un carreau de verre de la dimension d'un diapositif ordinaire, vous obtiendrez la disposition ci-dessus (*fig.* 46). Projetez cette sorte de cliché : vous aurez, sur l'écran, un carré blanc entouré de noir, un carré noir entouré de blanc, et le premier carré vous paraîtra plus grand que le second.

La même illusion est produite par un damier : les angles des carrés blancs paraissent se joindre en débordant sur les carrés noirs ; c'est un phénomène d'*irradiation* en vertu duquel les objets très lumineux produisent, sur la rétine, des images débordant, en apparence, sur leurs dimensions réelles.

Fig. 47. — Rayures horizontales et verticales.

La figure 47, reproduite comme la précédente, donnera sur l'écran une autre illusion : les deux figures sont des carrés égaux, l'un à rayures horizontales paraît plus haut que large, c'est l'inverse pour l'autre carré à rayures verticales.

On peut varier, de bien des manières, les images à projeter pour produire des illusions d'optique ; citons le damier, les cercles blancs tangents sur fond noir, les cercles concentriques blancs et noirs de même largeur, les lignes parallèles coupées en sens différent par des lignes obliques, etc.

Pour terminer ce sujet des illusions, indiquons une dernière expérience se prêtant également à la

projection, et qui repose sur les deux principes
de la *persistance des impressions lumineuses sur la
rétine* et du *contraste simultané des couleurs com-
plémentaires.*

Sur une feuille de papier opaque de
$8^{cm},5 \times 10$ centimètres, dessinez une silhouette
que vous découperez au
moyen d'un canif : vous
obtiendrez, par exemple,
le poncif (*fig.* 48). Collez-
le sur un verre rouge feu
de $8^{cm},5 \times 10$ cm. ou
sur un verre peint en
rouge transparent, ou bien
couvert d'une pellicule de
gélatine rouge ; intro-
duisez cette sorte de cliché dans l'un des com-
partiments du châssis à
projections. Dans l'autre
compartiment du châssis,
glissez un verre dépoli,
ou un verre ordinaire re-
couvert d'une feuille de
papier mince ; puis proje-

FIG. 48.
Diable rouge et diable vert.

tez d'abord le *diable rouge*, dont la hauteur ne doit
pas dépasser un mètre sur l'écran.

Priez les personnes assez rapprochées de l'écran
de regarder fixement, pendant une minute environ,
l'image projetée, et en attachant plus spécialement

le regard sur le milieu, la ceinture, par exemple,
du personnage ; glissez ensuite rapidement la partie mobile du châssis de façon à obtenir, sur
l'écran, une lumière blanche uniforme peu intense :
on croira y voir un *diable vert*.

Acoustique. — Vibrations. — Au moyen d'un
peu de cire molle (Voir p. 136), ou ramollie en la
tenant quelques instants entre les doigts, on fixe, à
l'extrémité de l'une des branches d'un diapason, un

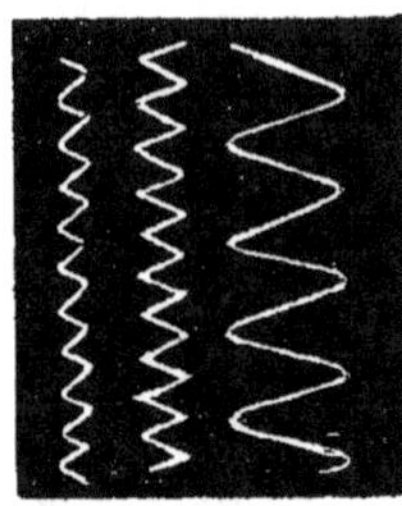

Fig. 49. — Inscriptions
de vibrations.

stylet de 2 ou 3 centimètres
de long, formé d'un fil de fer
mince. En faisant vibrer le
diapason, le stylet vibrera
aussi, mais avec une amplitude
plus grande que celle des branches du diapason ; on peut
enregistrer ces vibrations et
les rendre visibles, par projections, pour tout un auditoire.

A cet effet, on couvre de noir de fumée l'une
des faces d'une plaque de verre $8,5 \times 10$ centimètres, en l'exposant à la flamme fuligineuse
d'une chandelle, d'une bougie même, ou mieux
d'une lampe à pétrole ; puis, ayant fait vibrer le
diapason, on passe légèrement et rapidement la
pointe du stylet sur la face noircie ; on obtient des
lignes sinueuses (*fig.* 49), permettant de compter
les vibrations.

Avant de projeter l'image obtenue, il conviendra

de la fixer en versant simplement sur la plaque,
du côté enfumé, quelques gouttes d'alcool.

Projection directe des vibrations. — Quand une
corde vibre, ses deux extrémités restent fixes ;
chacune représente un *nœud* de vibrations ; le
milieu, qui prend ordinairement une grande amplitude, représente un *ventre* de vibrations. Souvent
des nœuds équidistants se forment dans la longueur d'une corde vibrante, deux nœuds consécu-
tifs sont toujours séparés par un ventre.

Le phénomène peut être projeté de la manière
suivante. Sur un petit cadre
de bois (*fig.* 50), de la largeur du châssis à vues, on
fixe deux pitons à vis *p* et *p'*
qui serviront à tendre deux
petits fils de caoutchouc pris
à des cahiers de papier à

Fig. 50. — Projection
des vibrations d'une corde.

cigarettes ou tirés d'un élastique. Au moyen d'une
épingle ou d'une plume, on excitera les vibrations
en frottant la petite corde près du piton qui la
tend. Avec une corde modérément tendue, on
obtient des amplitudes beaucoup plus visibles
qu'avec une corde raide.

En mettant le petit appareil à la place du châssis à vues, de manière à laisser bien dehors la partie qui porte les pitons, on pourra produire des
vibrations qui se détacheront nettement sur l'écran,
si la mise au point est bonne.

Chaleur. — Les variations de température, même légères, peuvent être rendues sensibles, pour un auditoire, grâce aux projections. Si l'on veut par exemple montrer qu'une action chimique produit de la chaleur, qu'une dissolution, une vaporisation en absorbent, on pourra disposer la tige du thermomètre à la place du châssis à projections et réaliser l'expérience tout à côté ; les variations de la colonne liquide, s'il s'agit d'un thermomètre à alcool ou à mercure, celles de l'index, s'il s'agit d'un thermomètre à gaz, seront très amplifiées sur l'écran et rendues visibles pour tous.

Choisissez, par exemple, du carbonate de sodium effleuri (calcinez-le au besoin) ; mettez-le dans un verre avec un thermomètre dont la tige pourra être projetée sur l'écran ; versez, sur la poudre de carbonate, de l'eau ayant la même température : il y aura union chimique entre le carbonate et l'eau nécessaire à la reconstitution de ses cristaux, par suite élévation de température, ce qu'indiquera la projection de la colonne thermométrique. Ne pas oublier que l'image obtenue est renversée.

Remplacer le carbonate effleuri par du carbonate cristallisé (on trouve les deux sortes dans la boîte à carbonate de la cuisine), une dissolution se produira qui absorbera une certaine quantité de chaleur, d'où abaissement de température : la marche de la colonne thermométrique aura lieu dans le sens inverse du précédent.

On peut projeter également la tige du thermomètre à gaz placé dans le *flacon à pluie* que nous avons décrit ailleurs [1]. En prenant un flacon plat, on peut projeter le flacon lui-même et rendre visible la formation de la buée ainsi que sa disparition.

PYROSCOPE. — Le pyromètre à levier des cabinets de physique peut être remplacé, pour des leçons de choses, par le petit pyroscope de M. Simiand [2]. La figure 51 indique une disposition convenable pour la projection; on colle le liège sur une plaque de verre $8,5 \times 10$ centimètres; on colle également, sur les bords de cette plaque, deux bouts de règle carrée destinés à maintenir le tout

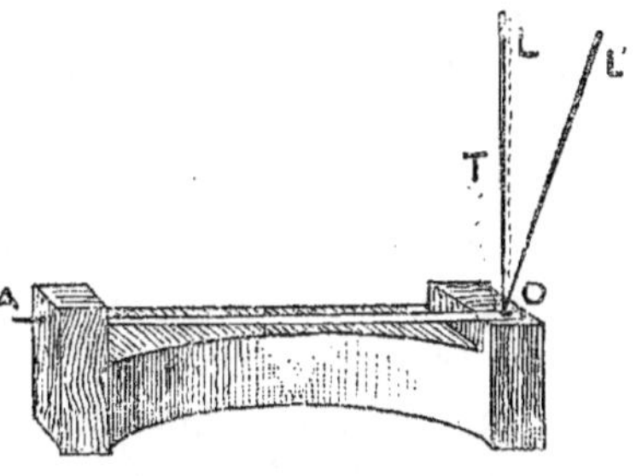

Fig. 51. — Pyroscope.
L'appareil est formé de deux aiguilles à coudre et d'un bouchon taillé.

aux lieu et place du châssis à vues, et on met au point.

On voit nettement l'aiguille à coudre horizontale fixée seulement par sa pointe, dans le liège, en A ; on voit également l'aiguille verticale plan-

1. *Leçons de choses expérimentales* (1re partie), expériences 141 et 152.
2. Cf. *Introduction à l'enseignement agricole*, p. 191.

tée en O dans le chas de la première. Si cette dernière s'échauffe, l'allongement ne pourra se manifester que du côté O, la pointe A étant fixe ; le petit bras du levier OL étant d'une longueur infinitésimale, la variation de l'extrémité L pourra devenir sensible à la vue pour le moindre allongement de l'aiguille AO. En effet, en chauffant avec une allumette ou mieux avec l'allumoir spécial (*fig.* 31), on constate que l'extrémité L vient en L', ce qui se voit très bien sur l'écran.

On peut renverser l'appareil de façon à obtenir une projection droite sur l'écran.

Electricité. — Au moyen d'une disposition analogue à la précédente, on pourra mettre sous les yeux d'un auditoire nombreux la projection de l'expérience suivante qui montre le principe essentiel du *télégraphe de Morse*[1].

On colle seulement, sur le verre, la semelle en bois MN du petit appareil (*fig.* 52), le levier AB doit se mouvoir librement. Si la pile dont on dispose est faible, le ressort R sera peu tendu, et la distance du levier à l'électro réduite à un quart ou un demi-millimètre seulement. Il conviendra de régler le tout, par la vis V, avant collage sur la plaque de verre.

La pile étant placée près de la lanterne, on réunira l'un de ses fils à l'un des fils de l'électro E ;

---

1. Voir les deux ouvrages précédemment cités.

cet électro est formé d'une vis à bois sur laquelle on a enroulé *deux ou trois mètres* de fil de cuivre isolé ; la figure représente seulement le noyau de l'électro. Les deux autres bouts de fil seront tenus à la main et serviront d'interrupteur.

Les expériences d'électro-chimie sont indiquées plus loin dans la troisième série.

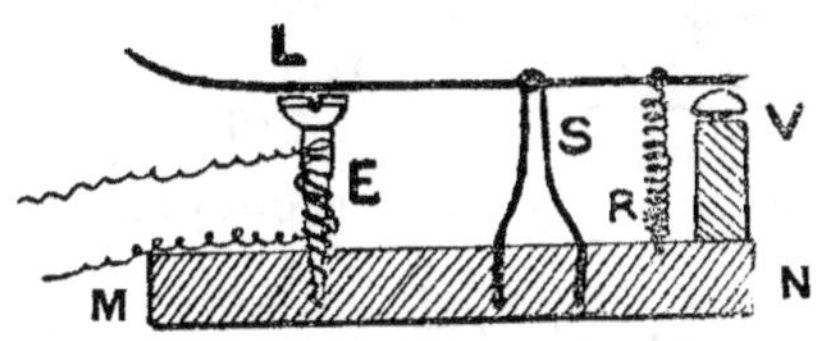

Fig. 52. — Principe du télégraphe Morse.

Sciences naturelles. — Insectes. — Les ailes de libellules, de mouches et d'autres insectes, si elles sont transparentes, donnent lieu à d'intéressantes projections.

Un papillon même peut fournir une sorte de diapositif si on le *décalque*, sur une plaque de verre, de façon à ne laisser qu'une faible épaisseur de ses écailles. A cet effet, on verse, sur une plaque 8, 5 × 10 centimètres et de façon à la couvrir, une dissolution claire de gomme arabique ; on égoutte l'excès par un angle et on laisse sécher.

Lorsqu'on veut décalquer le papillon, on mouille légèrement la couche de gomme et on étend l'insecte, le dos en dessous ; on tamponne doucement les ailes de façon à obtenir une adhérence complète, et on laisse à nouveau sécher. Le papillon se détachera facilement ensuite, laissant sur la plaque de verre un joli dessin (*fig.* 53) qui gagne parfois à être retouché, mais qui se prête bien à la projection.

Fig. 53. — Décalque pour projection.

Pour voir le détail des écailles, il faut le grossissement d'un microscope, ainsi qu'on l'indiquera à la fin de ce chapitre.

Nervures des feuilles. — Les feuilles qui séjournent dans les eaux stagnantes perdent leur parenchyme; il ne reste plus qu'une sorte de dentelle formée par les nervures. A la fin de l'automne, on peut se procurer facilement une collection de ces squelettes de feuilles : il suffit de coller soigneusement chacun d'eux sur une plaque de verre pour obtenir une figure en nature, intéressante à projeter (*fig.* 54).

Fig. 54. — Nervures de feuilles.

Les algues marines fournissent les éléments de dessins coloriés fort jolis en projection.

Nodosités des racines de légumineuses. — Les racines de légumineuses (trèfle, luzerne, lupin,

haricots, etc.) portent des nodosités peuplées de
bactéries microscopiques ayant la curieuse propriété
d'absorber l'azote de l'air. Il serait bon que tous
les cultivateurs intelligents connussent ce fait, dont
l'importance est capitale au point de vue agricole :
l'un des premiers moyens de divulgation, c'est
de montrer ces nodosités aux intéressés. Rappelons que, si on en écrase dans le fond d'un verre à
expériences, on perçoit, le lendemain ou le sur-
lendemain, une odeur de *fromage fait* qui carac-
térise la nature azotée de la substance.

Pour recueillir ces nodosités, il est nécessaire
d'arracher les racines sans les briser ; à cet effet,
on enlève à la bêche la motte de terre qui les renferme, et on plonge cette motte dans un seau
d'eau ; on verse ensuite l'eau du seau et on la remplace jusqu'à disparition totale de la terre, ce que
l'on reconnaît à la limpidité de l'eau.

En examinant alors les
racines, on constatera la
présence des nodosités fixa-
trices de l'azote ; on choisira une portion des racines
où ces nodosités sont abon-
dantes (*fig.* 55) ; on les éta-
lera et les enfermera ensuite
entre deux plaques de verre
comme il a été dit page 100.

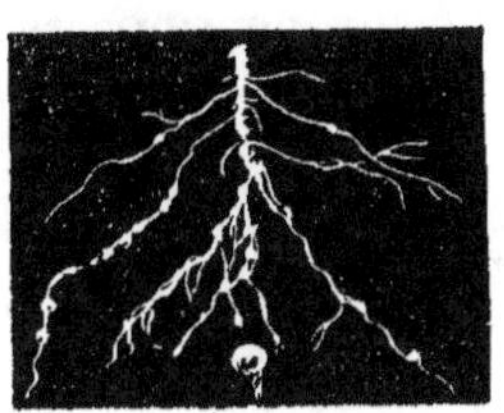

Fig. 55. — Nodosités
des légumineuses.

D'autres sujets d'histoire naturelle se prêtant
aux projections lumineuses moyennant l'emploi

d'une cuve spéciale seront indiqués, un peu plus loin, dans la 2me série d'expériences à projeter.

Chimie. — Examinons d'abord quelques expériences projetables sans le secours de la cuve transparente.

CRISTALLISATION. — La cristallisation de divers sels peut se faire, en quelques minutes, sur une plaque de verre mise dans le châssis à vues ; si on la projette sur l'écran, l'auditoire tout entier est témoin du phénomène.

Les plaques de verre employées pour ce genre d'expériences doivent être très propres et lavées, en dernier lieu, avec une solution du sel à faire cristalliser.

Voici l'indication de quelques sels donnant de bons résultats quand la dissolution est faite dans les proportions suivantes :

Salpêtre...............	20 grammes de sel pour 100 d'eau.	
Sel ammoniac.........	40	—	—
Sulfate de zinc........	150	—	—
Bichromate de potasse..	10 pour cent d'eau gommée.	

Les couleurs d'aniline dissoutes en faible proportion dans l'alcool donnent des projections superbes.

Les solutions précédentes s'étendent en versant seulement quelques gouttes sur la plaque de verre, qu'on incline doucement pour la mouiller partout, qu'on égoutte, et qu'on introduit ensuite dans le châssis à vues de manière que la face mouillée soit tournée vers la source lumineuse : la chaleur de celle-ci fait évaporer l'eau, le sel cristallise et les cristaux grossis apparaissent sur l'écran au fur et à mesure de leur formation.

Encres sympathiques. — Si l'on écrit sur du papier transparent avec une solution de nitrate de cobalt, qui est rose, les caractères sont peu apparents ; mais, si la solution se concentre et se dessèche, il reste une trace bleue très visible.

Sur un petit cadre de carton de $8,5 \times 10$ centimètres, on collera du papier calque sur lequel on écrira avec la solution indiquée ; la chaleur envoyée par le condensateur suffira pour évaporer la solution, et les caractères apparaîtront en bleu sur l'écran. De la vapeur d'eau envoyée ensuite dans le châssis les fera disparaître.

Le jus de certains oignons noircit par dessiccation sur une matière organique ; si donc on écrit avec du jus d'oignon sur du papier à cigarettes, par exemple, les caractères demeureront d'abord invisibles ; ils apparaîtront si l'on chauffe ensuite suffisamment le papier. Cette expérience se prête également à la projection.

Voici, sous une autre forme, une projection du même genre. Un papier calque est tendu sur un cadre de carton $8,5 \times 10$ centimètres, comme pour l'encre au cobalt ; en se servant d'une solution d'acétate ou d'azotate de plomb comme encre, les caractères demeurent invisibles. Rien n'apparaît donc quand on projette ; on dirige alors, contre le papier mis à la place du châssis, un petit tube communiquant à un générateur de gaz sulfhydrique : les caractères se forment peu à peu en noir foncé sur le papier et se projettent sur l'écran.

Le générateur sulfhydrique pourra consister en un simple tube à essai contenant du sulfure de fer et un acide étendu ; on ferme le tube à essai d'un bouchon traversé par un tube à dégagement analogue à celui d'un biberon.

Une autre forme encore, qui se rapproche des précédentes : on dessine, sur du papier mince tendu, la figure 43 par exemple, en employant un pinceau trempé dans une dissolution concentrée de salpêtre ; l'image est invisible ; on laisse sécher. On met ensuite la feuille en place comme s'il s'agissait d'une projection, et l'on touche du bout d'une allumette presque éteinte, mais dont le charbon est encore rouge, un des points salpêtrés de la feuille : l'incendie se communique de proche en proche à toute la partie salpêtrée, et l'image apparaît sur l'écran.

On obtiendra des effets de pénombre en opérant comme pour l'expérience de la page 107, c'est-à-dire en plaçant le papier salpêtré entre l'objectif et l'écran.

Les expériences qui vont suivre nécessitent l'emploi d'une cuve transparente (*fig.* 56) qui se dispose, dans l'appareil à projections, aux lieu et place du châssis à vues.

Construction de la cuve. — Dans du verre épais, on fait couper, par un vitrier, deux plaques rectangulaires égales de 14 à 15 centimètres de

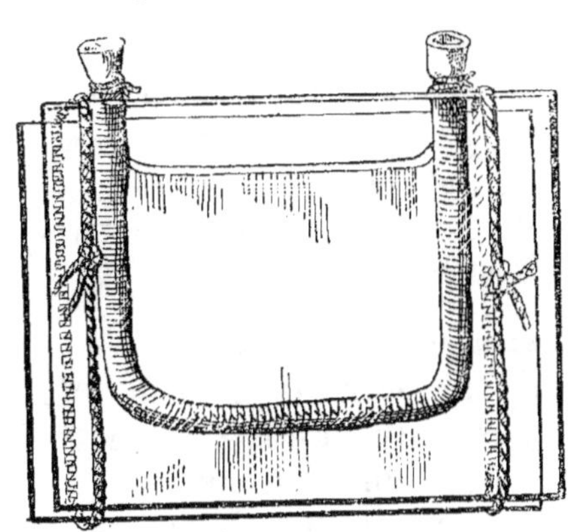

Fig. 56. — Cuve pour projections.

long sur 10 à 12 centimètres de large, et on émousse les bords en les passant sur une meule de grès ou sur un pavé plan mouillé et saupoudré de sable. On choisit ensuite un tube de caoutchouc lisse, d'un diamètre extérieur uniforme d'environ

1 centimètre; il en faut une longueur de 35 à 40 centimètres. Pour augmenter la souplesse de ce tube, on le tend de manière à doubler sa longueur et on le frotte, en le pressant, au moyen d'un chiffon imprégné d'un corps gras (suif, saindoux, vaseline ou huile).

Si on ligature ensuite solidement, au moyen d'un gros fil, les deux extrémités du tube de caoutchouc, l'air intérieur sera enfermé comme dans un *pneu*; et, en appliquant le tube entre deux surfaces planes, on obtiendra une fermeture hermétique.

Pour construire une cuve transparente et étanche, il suffira de disposer le tube de caoutchouc en forme d'**U** (*fig.* 56), entre les deux plaques de verre, et de réunir ensuite celles-ci par deux liens formés de fil métallique ou simplement de ficelle.

Réactions chimiques. — La plupart des réactions chimiques réalisables dans la cuve indiquée ci-dessus peuvent être projetées sur l'écran ; celles qui sont colorées produisent généralement bon effet. Il convient d'employer des dissolutions étendues, car une trop forte intensité de coloration se traduit, sur l'écran, par du noir.

Tournesol. — La teinture de tournesol mise dans la cuve devra donner sur l'écran une intensité de bleu de ciel ; si elle était trop foncée, on l'étendrait d'eau.

Pour faire virer au rouge la teinture bleue du tournesol, il ne convient pas, en projection, de verser d'un coup la solution acide dans la cuve; l'expérience sera beaucoup plus élégante si l'on introduit peu à peu une baguette ou un tube de verre simplement trempé dans un acide : autour de la baguette, on verra la teinte rouge s'étendre progressivement; puis, si le tournesol est bien neutre, d'une légère secousse de la baguette à travers le liquide, on provoquera un virage complet au rouge.

On recommencera la même manœuvre après avoir trempé la baguette dans un alcali, et la teinte rouge virera au bleu.

Si l'on verse ensuite quelques gouttes du réactif alcalin, la teinte bleue se foncera, puis il faudra verser une quantité *équivalente* du réactif acide pour revenir à la teinte neutre bleu violacé : un sel sera formé.

Gaz carbonique et eau de chaux. — L'eau de chaux étant placée dans la cuve, et l'image de celle-ci mise au point, on souffle dans la dissolution au moyen d'une paille ou d'un tube (*fig.* 57). Le liquide se trouble et la projection se fonce sur l'écran.

Si l'on dispose d'un peu d'eau de seltz, on en versera quelques gouttes dans l'eau de chaux limpide; celle-ci se troublera d'abord, elle s'éclaircira ensuite par une nouvelle addition d'eau de seltz. Sur l'écran, on verra paraître et disparaître l'image des grumeaux formant le précipité de carbonate de calcium.

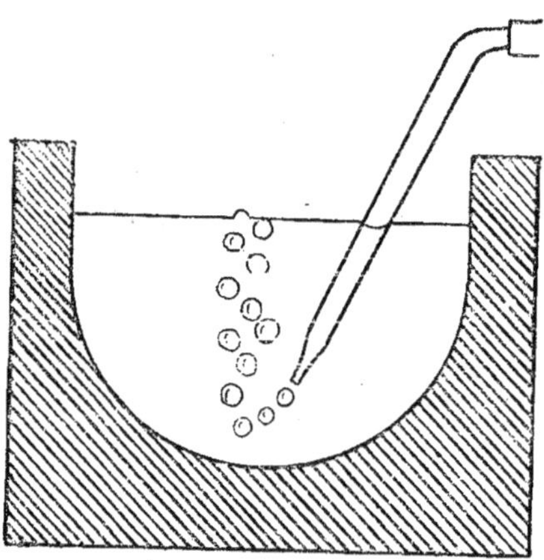

Fig. 57. — Gaz carbonique de la respiration.

Production de sel ammoniac. — Choisir un bout de tube de verre pouvant s'introduire dans la cuve (*fig.* 58) ; verser quelques gouttes d'ammoniaque dans la cuve de manière à en imprégner les parois intérieures, fermer d'une plaque formant couvercle et mettre la cuve en place dans la lanterne ; procéder à la mise au point.

On ne voit, sur l'écran, qu'une teinte blanche uniforme. Si l'on introduit dans la cuve un tube préalablement trempé dans de l'acide chlorhydrique, un brouillard épais apparaîtra aussitôt :

l'alcali et l'acide, tous deux volatils, se combinent
pour former un corps solide, le sel ammoniac.

Précipitations diverses. — Le sulfate de cuivre
ou vitriol bleu, très connu par son emploi pour
le sulfatage des blés de semence, des échalas,
pour la fabrication des bouillies contre le mil-
dew, etc., nous servira d'exemple de précipitations
à projeter.

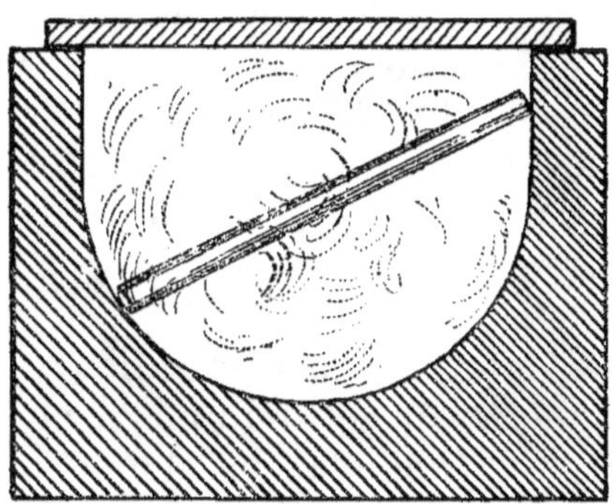

Fig. 58. — Production de sel ammoniac.

La cuve étant remplie d'une solution faible de
ce sel, la projection obtenue donne une teinte
vert d'eau ; on y plonge un tube préalablement
trempé dans l'ammoniaque, ce tube se couvre
d'un précipité verdâtre (noir en projection) qui
se forme, par l'agitation, dans toute la masse.

On peut s'y prendre autrement : remplir de la
solution ammoniacale le tube considéré comme

une pipette, et fermer l'extrémité supérieure en y appuyant le doigt ; laisser tomber deux ou trois gouttes d'ammoniaque à la surface de la solution contenue dans la cuve, le précipité se forme partiellement ; agiter avec le tube sans cesser d'appuyer le doigt, le précipité se répand par toute la masse ; lever le doigt pour laisser couler le reste de l'ammoniaque, le précipité se dissout et le liquide prend une belle coloration *bleu céleste*.

On peut produire de nombreux changements de coloration en employant des réactifs appropriés ; citons, comme exemples, les sels de fer au maximum ou au minimum avec le prussiate jaune ou le prussiate rouge, les sels de cuivre avec le prussiate rouge, ceux de mercure avec l'iodure de potassium, etc.

Le métal d'un sel en dissolution se précipite sur une lame ou un fil d'un métal plus oxydable que lui. Si, par exemple, on plonge un fil de fer dans une solution de sulfate de cuivre, on voit immédiatement une couche de cuivre se déposer sur le fer ; en projection on distingue l'augmentation de diamètre du fil de fer.

Mais voici une précipitation du même genre beaucoup plus jolie en projection. On verse dans la cuve une dissolution d'acétate de plomb (extrait de Saturne), puis on plonge un petit faisceau de fils de laiton ; tous les fils du faisceau seront dans le même plan pour faciliter la mise au point. L'expérience se prépare d'avance et, en quelques

jours, on obtient une arborescence du genre de
celle que représente la figure 59. C'est l'*arbre de
Saturne*, il est très fragile; on maniera donc la
cuve avec précaution pour la mettre en place
dans la lanterne.

En employant une solution de nitrate d'argent
et en versant un peu de mercure au fond de la
cuve, on obtiendrait l'*arbre de Diane*, sous forme
d'une cristallisation d'argent métallique à la surface du mercure.

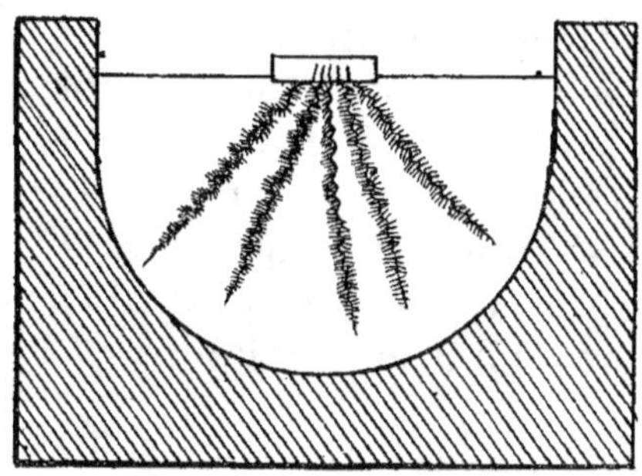

Fig. 59. — Arbre de Saturne.

Le permanganate de potasse en solution très
étendue donne une projection d'un beau violet
qui se décolore instantanément par une dissolution de gaz sulfureux ou d'un bisulfite. La fuchsine
se décolore par l'ammoniaque ; sa teinte se régénère
par quelques gouttes de vinaigre ou jus de citron.

Voici enfin, comme dernier exemple, une précipitation très curieuse.

On remplit la cuve d'une dissolution de *silicate de soude* ; la solution que vendent les droguistes est trop concentrée, on y ajoutera nu volume d'eau presque égal. On projette, dans le liquide, de petites parcelles de sulfates métalliques solubles (de fer, de zinc, de cuivre, de cobalt, etc.) : on voit, presque immédiatement, des arborescences violettes s'élever sur les cristaux de cobalt ; puis on en voit de blanches sur le sulfate de zinc, de brunes pour le fer et de bleues sur le cuivre. L'ensemble pousse assez rapidement pour qu'une partie des filaments atteigne, en moins d'une heure, la surface du liquide : on peut donc montrer, au début d'une séance, le commencement du phénomène et faire éprouver, à la fin, une réelle surprise à l'auditoire si on le met en présence d'une sorte de végétation instantanée rappelant, sur l'écran, l'image d'une forêt en miniature (*fig.* 60).

Sciences naturelles. — Comme suite aux projections d'histoire naturelle indiquées précédemment (Voir p. 119), voici quelques exemples de ce qu'on peut faire en utilisant la cuve transparente.

PROJECTIONS D'INSECTES. — Mettre dans la cuve deux ou trois grosses fourmis noires et des fourmis rouges, fermer d'un couvercle et projeter : ordinairement une lutte s'engage entre les prisonniers.

Il en sera de même pour un grand nombre de

petits animaux vivants soit dans l'air (mouches, araignées, mille-pattes, cloportes, staphylins, forficules, etc.), soit dans l'eau (crevettes d'eau douce, vers, têtards, gyrins, etc.).

Les conférenciers voisins d'un établissement de pisciculture y trouveront d'intéressant sujets de projections.

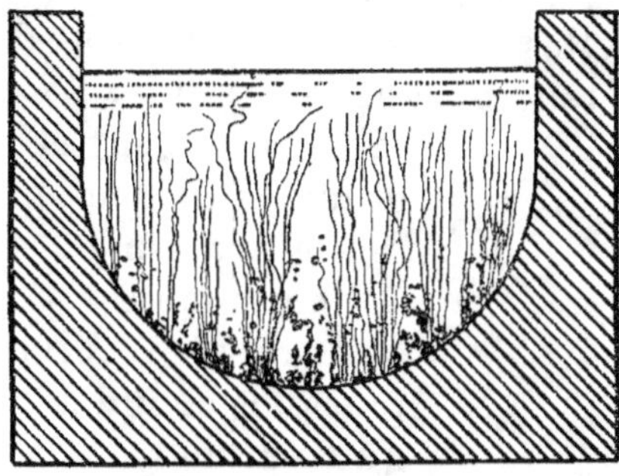

Fig. 60. — Silicates métalliques.

Capillarité, osmose, etc. — Pour expliquer la circulation dans un organe vivant, l'assimilation des matières nutritives par les végétaux, etc., il est nécessaire de réaliser sous les yeux de l'auditoire quelques phénomènes fondamentaux : la sève des végétaux, par exemple, renferme seulement des traces de matières minérales en dissolution, cependant cela suffit à la construction du squelette d'un végétal gigantesque. Cette sève s'élève, par une canalisation capillaire, à des hauteurs parfois considérables, et les substances minérales qu'elle renferme s'y sont introduites, par *osmose*, à travers des membranes non perforées. Pour expliquer tout cela, des expériences sont indispensables; en voici quelques-unes qui se prêtent fort bien à la projection.

Dissolution et diffusion.— Remplir la cuve d'eau, la projeter; laisser tomber à la surface quelques fines parcelles de fuchsine : on voit des traînées rouges s'étendre dans le liquide. Le mélange se fait peu à peu, et tout le liquide finit par prendre une teinte uniforme.

Pour montrer à quel point la matière se divise, enlever presque complètement le liquide au moyen d'une pipette[1], puis remplir d'eau ordinaire : la teinte rose indique qu'il y a de la fuchsine dans tous les points du liquide. En enlevant à nouveau le liquide presque complètement, l'eau claire reversée se teintera encore, etc.

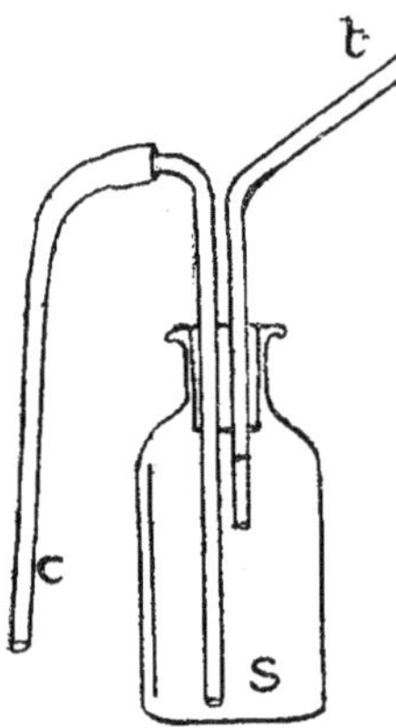

Fig. 61. — Flacon-pipette.

Capillarité. — Les vaisseaux dans lesquels s'élève la sève des végétaux ne se voient qu'au

---

1. La figure 61 représente un genre de pipette aussi facile à employer qu'à construire. Pour retirer le liquide de la cuve, on y plonge l'extrémité du tube de caoutchouc *c*, et on aspire par le

microscope ; les tubes capillaires visibles à l'œil nu
ont un diamètre considérable par rapport aux premiers, cependant ils permettent de mettre en évidence la force dite de capillarité.

Pour se procurer des tubes capillaires, il suffit

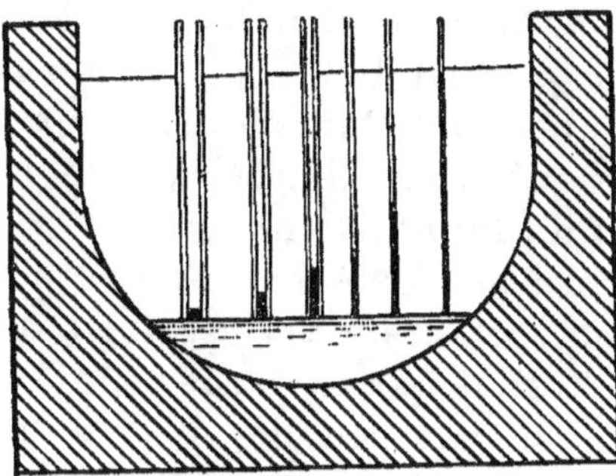

Fig. 62. — Tubes capillaires.

de chauffer un tube de verre ordinaire, en le tournant continuellement dans la flamme d'une lampe
à alcool ou à gaz, jusqu'à ce qu'il devienne rouge ;
à ce moment, on le sort de la flamme et on écarte
lentement les mains tenant les extrémités : le tube
s'allonge ainsi d'un demi-mètre ou plus, et son diamètre diminue considérablement [1].

tube coudé t ; le siphon étant amorcé, on cesse d'aspirer et l'écoulement continue si le point s est plus bas que le niveau du
liquide dans lequel plonge le tube c. On désamorce le siphon en
relevant le tube de caoutchouc. Ce flacon-pipette est d'un usage
aussi commode pour le remplissage que pour la vidange de la
cuve à projections.

1. *Leçons de choses expérimentales*, expérience 42 (ouvrages
déjà cités).

La portion ainsi effilée est ensuite coupée en cinq ou six fragments qui forment autant de tubes capillaires de diamètre variable ; la partie du milieu est la plus fine.

Pour faire l'expérience, on verse un peu d'alcool teinté de fuchsine dans la cuve à projections, que l'on dispose ensuite à sa place dans la lanterne, et on met au point. Puis on introduit, l'un après l'autre, les tubes capillaires, qui se remplissent rapidement du liquide teinté.

Cette phase de l'expérience doit appeler particulièrement l'attention : c'est surtout à ce moment-là qu'il faut faire regarder sur l'écran.

Si l'on a mis un peu de cire molle[1] sur l'un des bords intérieurs de la cuve, on y pourra fixer chaque tube, ce qui permettra, avec une mise au point parfaite, de comparer les hauteurs d'ascension (*fig.* 62).

Le phénomène de capillarité peut aussi se projeter en remplaçant les tubes effilés par une lame de verre bien propre ; on la met dans la cuve, l'une de ses arêtes verticales en contact avec l'une des parois (*fig.* 63), et l'on diminue peu à peu l'angle dièdre ainsi formé ; sur l'écran, on constate que la différence de niveau augmente à mesure que diminue

---

1. Râper de la cire dans un godet et verser dessus quelques gouttes d'essence de pétrole, attendre quelques minutes, puis triturer le tout : la cire devient d'autant plus molle qu'il y a plus d'essence.

l'écartement de la lame et de la paroi de verre ; en outre, la forme de la courbe qu'affecte le niveau est une représentation graphique de la loi des ascensions dans les tubes capillaires.

Diffusion ou Osmose. — Toute membrane végétale ou animale (parchemin, portion d'intestin ou de vessie dégraissée, baudruche, etc.) se laisse tra-

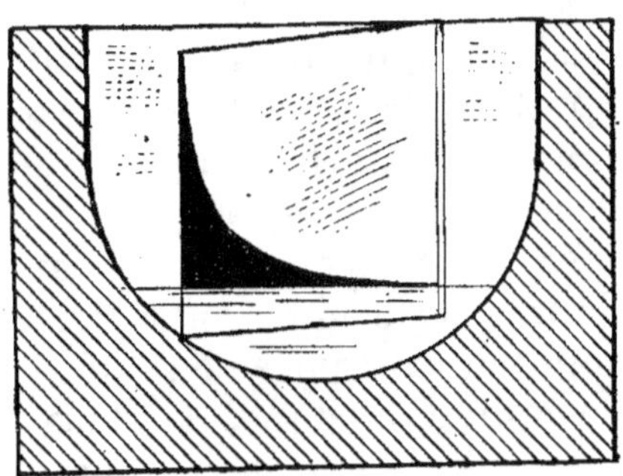

Fig. 63. — Capillarité.

verser par les liquides contenant ou non des substances en dissolution, et d'autant plus rapidement que la dissolution est plus étendue. Si donc une membrane sépare deux solutions différentes, eau ordinaire et eau sucrée, par exemple, les deux liquides se mêleront lentement à travers la membrane, mais l'eau sucrée passera moins rapidement que l'eau claire ; de sorte qu'après un certain temps, le niveau de l'eau s'élèvera, celui de l'eau ordinaire s'abaissera, et les deux liquides finiront par être également sucrés[1].

Pour démontrer ces propriétés osmotiques, on peut se servir de l'une des portions de tube effilé inutilisées dans l'expérience précédente; on l'enveloppe d'une feuille mince de parchemin végétal ou de baudruche préalablement ramollie par immersion dans l'eau, et on la ligature sur la partie rétrécie du tube (*fig*. 64).

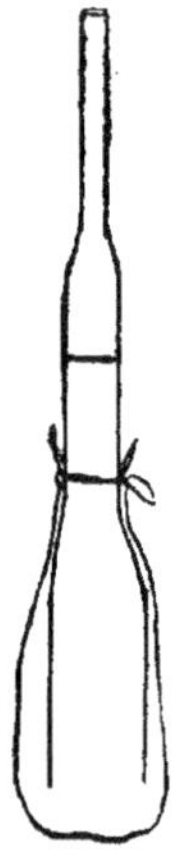

Le remplissage de ce petit appareil serait difficile si l'on n'avait pris la précaution de l'exécuter avant de fixer la membrane : tenant le tube verticalement, la partie effilée en bas et fermée d'un peu de cire, on y verse une dissolution concentrée de sulfate de cuivre, on ajoute quelques cristaux du même sel, puis on fixe la membrane en laissant un peu de jeu. Retournant ensuite le tube et retirant la cire qui ferme la partie effilée, on pressera légèrement la membrane vers l'intérieur du tube, de manière à faire monter le liquide jusqu'en haut et à chasser l'air; si à ce moment on incline le tube pour plonger son extrémité ouverte dans une solution de sulfate de

FIG. 64.

---

1. Cf. *Leçons de choses expérimentales, expériences* 303 et 304 ; — et *Introduction à l'enseignement agricole, expérience* 39 (ouvrages déjà cités).

cuivre, en cessant de presser la membrane, le
petit appareil se remplira suffisamment. On le
placera ensuite dans la cuve à projection à demi
remplie d'eau, et on le fixera avec de la cire molle
dans la position indiquée par la figure 65.

La projection de cette expérience montrera un
certain niveau du liquide bleu dans le tube effilé
et un liquide incolore dans la cuve; cependant, si
l'on examine de près la projection, on remarquera
une teinte légèrement ombrée autour de la membrane.

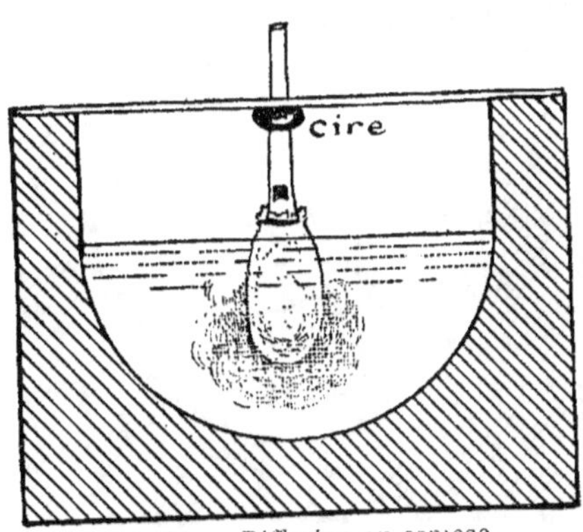

Fig. 65. — Diffusion ou osmose.

A la fin de la séance, on observera à nouveau
la projection du même dispositif : le niveau du
liquide sera changé dans le tube effilé et l'eau de la
cuve aura pris une teinte très légèrement bleuâtre
peu perceptible pour l'auditoire; on mettra en
évidence la présence du sulfate de cuivre par
l'addition de quelques gouttes d'ammoniaque.

Cette expérience est délicate ; il faut veiller notamment à ce que le petit osmomètre soit bien fixé dans la cuve et n'éprouve aucun déplacement pendant le temps qui sépare les deux projections.

FORME DES CELLULES. — Si l'on comprimait, dans un espace inextensible, des ballons sphériques en caoutchouc, chacun prendrait la forme polyédrique ; il en sera de même si l'on produit dans la cuve à projections, l'une contre l'autre, des bulles de savon.

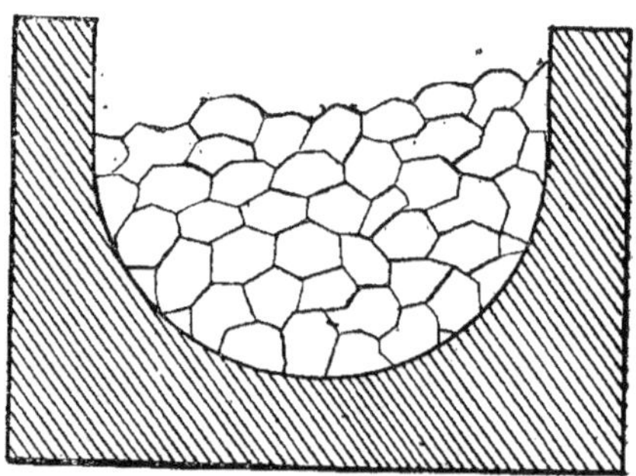

FIG. 66. — Forme des cellules.

Il suffira de verser de l'eau savonneuse dans la cuve et de souffler dedans avec une paille : on obtiendra, par projection, une sorte de mosaïque analogue à celle que représente la figure 66, montrant la forme polyédrique et la disposition des cellules végétales.

Il conviendrait de compléter cette démonstration par des projections en nature (coupes de moelle de sureau, de tiges jeunes, etc.); mais, quand il s'agit de très petits objets, il faut recourir au microscope, comme on l'indiquera à la fin de ce chapitre.

POILS RADICAUX. — Il est difficile de montrer les poils absorbants d'une racine, même fraîchement arrachée ; le moindre frottement les brise; pour leurs cours, les professeurs ont soin de faire germer des graines dans de la mousse

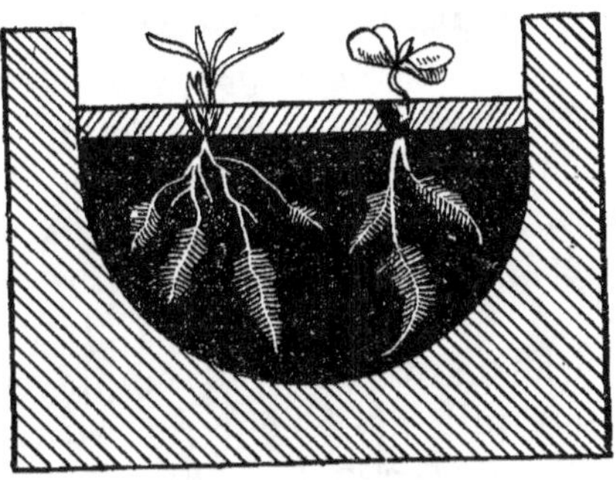

FIG. 67. — Poils absorbants des racines.

humide et, en écartant celle-ci, on distingue bien les poils radicaux. Le mieux serait de préparer une culture dans l'eau, comme l'indique la figure 67.

La cuve à projections se prête à l'expérience. Dans un fragment de bouchon, on perce un trou où l'on met une graine ; le radis, l'avoine, l'orge conviennent bien ; puis on place la préparation sur l'eau. Quand les plantules sont arrivées au développement indiqué ci-contre (*fig.* 67), elles sont prêtes pour la projection.

Les poils radicaux sont transparents, une mise au point parfaite est donc nécessaire pour les faire apparaître sur l'écran.

TROISIÈME SÉRIE

Électro-chimie. — Des expériences intéressantes sur les courants peuvent être réalisées dans la cuve à projections ; comme les précédentes, elles permettent de montrer, à un nombreux auditoire, les parties délicates de phénomènes intéressants, et peu connus du public habituel de nos conférences populaires.

Au matériel précédemment employé, il suffira d'ajouter une pile dont l'énergie sera au moins égale à celle de Grenet, à deux éléments, au bichromate de potasse. Tout d'abord, nous expérimenterons sur un couple voltaïque.

Élément zinc-cuivre. — Si nous mettons, dans de l'eau acidulée par l'acide sulfurique, une lame de zinc ordinaire, le métal est attaqué et devient le siège d'un dégagement d'hydrogène.

Si, au lieu de zinc ordinaire, on prend du zinc

pur ou du zinc ordinaire amalgamé, aucune attaque ne se manifeste.

Si la lame de zinc pur ou amalgamé est mise en contact avec une lame ou un fil de cuivre (*fig.* 68), le cuivre reste intact, le zinc est attaqué par l'acide et le dégagement gazeux se produit, non sur le zinc, mais sur le cuivre.

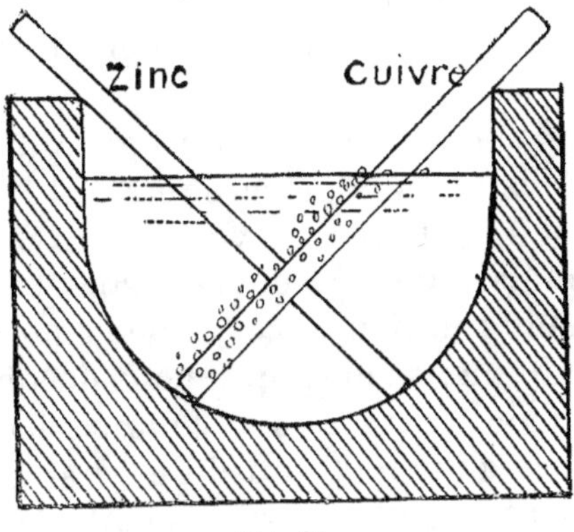

FIG. 68.
Propriétés du zinc amalgamé.

On projettera les trois formes de l'expérience, ainsi que la suivante (*fig.* 69). Le zinc et le cuivre sont éloignés dans la cuve, mais on les réunit, à l'extérieur, par un fil métallique : la réaction se produit et l'hydrogène se dégage encore sur le cuivre ; avec du zinc

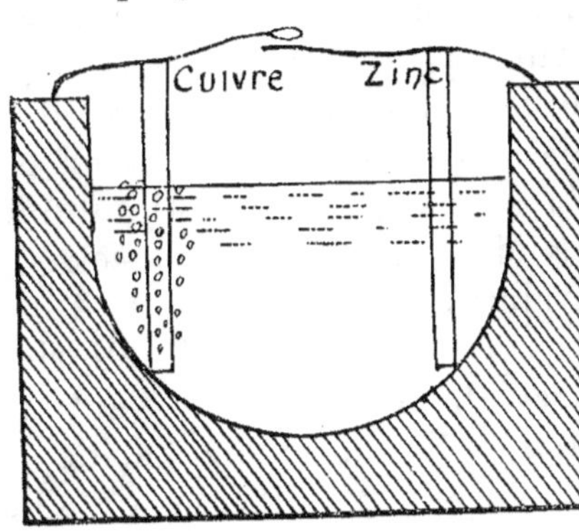

FIG. 69. — Couple voltaïque.

ordinaire, qui est mélangé de métaux étrangers,

le dégagement d'hydrogène a lieu sur le zinc ; toutefois, le dégagement se fera aussi et surtout à la surface du cuivre si l'on établit le contact dans l'intérieur de l'élément ou à l'extérieur.

VOLTAMÈTRE. — La figure 70 indique la transformation à faire subir à la cuve de projections pour obtenir un voltamètre : on place deux fils métalliques recourbés dans la cuve, et on assure leur réunion avec les deux pôles d'une pile suffisamment énergique pour décomposer l'eau. Celle-ci doit être rendue conductrice par addition d'un sel, d'un acide ou d'un alcali.

Si l'eau est simplement acidulée, il se dégage de l'oxygène au pôle + du voltamètre, et de l'hydrogène au pôle − en quantité double du volume d'oxygène. Toutefois, si les électrodes sont en cuivre, le dégagement est nul au pôle +, l'oxygène mis en liberté se combine au cuivre et à l'acide ; la teinte bleue qui se forme autour de l'électrode indique la formation d'un sel soluble de cuivre. Pour recueillir l'oxygène, l'électrode positive doit être en platine.

Si l'eau du voltamètre a été rendue conductrice par l'addition d'un sel alcalin soluble, le sulfate de soude, par exemple, le liquide devient acide au pôle +, alcalin au pôle − ; il suffit, pour s'en convaincre, de teinter préalablement la dissolution par du tournesol : la teinture se fonce en bleu au pôle −, tandis qu'elle vire au rouge au pôle +.

Si la cuve contient une dissolution d'un sel métallique, du sulfate de cuivre par exemple, le métal
se dépose à l'électrode négative, et l'on constate
un dégagement d'oxygène à l'électrode positive
si elle est en platine ; si elle est en cuivre, le ra-
dical acide l'attaque et l'oxygène ne se dégage pas
(principe de la galvanoplastie).

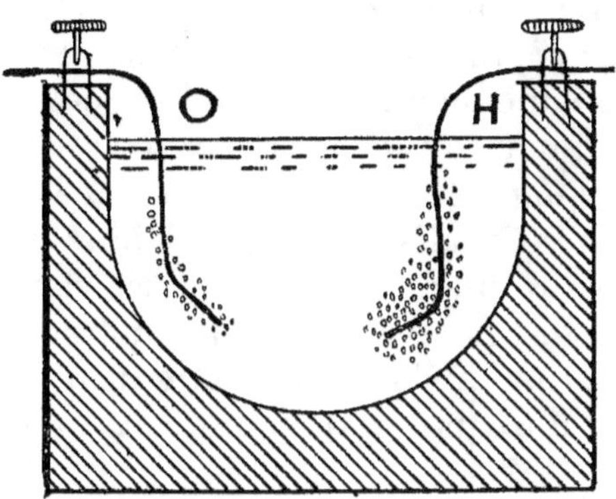

FIG. 70. — Voltamètre et cuve galvanique.

En employant, pour la solution électrolytique,
de l'acétate de plomb, on obtient l'arbre de Saturne (*fig.* 58) au pôle négatif. Avec le *sel d'étain*
(chlorure d'étain) dissous dans l'acide chlorhydrique étendu, et avec une électrode négative en
forme de crosse, la cristallisation obtenue présente
l'aspect d'une chenille enroulée.

Interversion du courant. — Chacune des expériences précédentes réalisées dans le voltamètre a

sa contre-partie, c'est-à-dire qu'en changeant le sens du courant de la pile, les attaques et les dégagements sont intervertis : l'hydrogène se dégage à la place de l'oxygène, la teinte vire au bleu, et inversement ; le cuivre se dépose sur l'autre électrode, tandis que celui qui s'était déposé primitivement se trouve attaqué, etc. : c'est la partie la plus intéressante de chacune des expériences.

Mais, pour intervertir le courant, il faut intervertir les conducteurs, c'est-à-dire détacher le fil communiquant au pôle +, le fixer au pôle —, et réciproquement ; outre que cette manœuvre est incommode à réaliser dans la demi-obscurité où l'on opère, l'interruption apportée dans l'expérience produit mauvais effet. Il faudrait que l'interversion fût instantanée ; elle peut l'être par l'emploi d'un commutateur intercalé dans le circuit[1].

Le commutateur (*fig.* 71) reçoit, d'un côté, les deux fils de la pile ; de l'autre, les deux fils du voltamètre ; dans la position indiquée par le schéma (*fig.* 72), le courant part du pôle C (+) de la pile, vient par la borne D et m dans le fil A du voltamètre, il traverse le liquide conducteur et revient à la pile en Zn (—) par le fil B du voltamètre et les deux bornes n et F.

Si l'on tire la manette M, les trois points métalliques 1, 2, 3, changent de place, 1 appuie sur la

---

1. Celui que représente la figure 71 coûte 2 fr. 50.

borne m, 2 sur la borne n et 3 reste isolé; le courant venu de C à la borne D passe alors par n et arrive au fil B du voltamètre qui devient alors le pôle +;
ce courant retourne au pôle Zn de la pile par le fil A du voltamètre et par les bornes m et F. Le sens du courant peut donc être changé à volonté et instantanément.

A titre d'exemple, et pour résumer ce qui précède, indiquons comment se fera l'expérience et sa projection pour le dernier cas, l'application à la galvanoplastie.

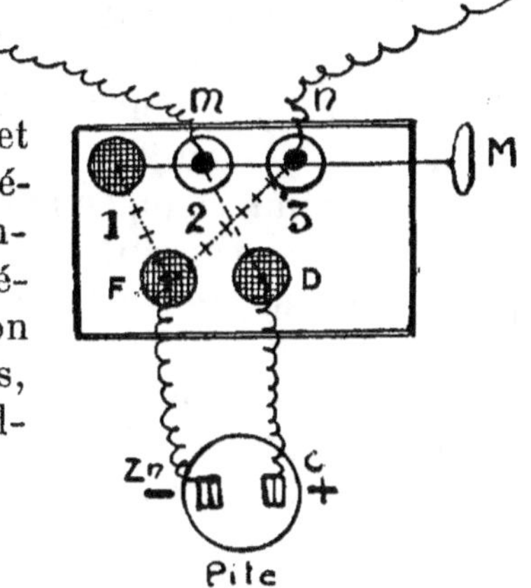

Fig. 72. — Schéma d'une disposition pour inversion du courant.

Fig. 71. — Commutateur.

La cuve transparente transformée en voltamètre ayant pour électrodes les deux fils de cuivre A et B, et pour électrolyte une dissolution de sulfate de cuivre, est mise en place dans la lanterne; les prolongements des fils A et B sont reliés aux deux bornes m et n du commutateur-inverseur, et les deux pôles de pile C + et Zn — aux bornes D et F comme l'indique la figure 72. Il importe de bien assurer les contacts en décapant, avec du papier de verre, les extrémités de tous les fils conducteurs employés.

On projette en mettant bien au point les extrémités des fils A + et B —; au bout d'un instant, on voit l'électrode négative se couvrir d'un dépôt grenu; l'électrode positive se ronge, mais la quantité de cuivre enlevé, bien qu'égale à celle du cuivre déposé, est moins apparente.

Lorsqu'on a bien fait voir le dépôt sur B —, on prévient du changement qui va se produire dans le sens du courant, et l'on tire la manette M : après un temps égal à celui qu'a duré l'expérience, on ne voit plus de dépôt sur B —, mais il s'en est produit un semblable sur A +.

Dans l'expérience de décomposition de l'eau, le changement de sens du courant se marquera instantanément sur l'écran : on verra d'abord sur B un dégagement de bulles gazeuses (c'est de l'hydrogène), et rien sur A; puis, au moment même de l'inversion, le dégagement se produira sur A. Avec deux électrodes en platine, le dégagement se fait des deux côtés : d'abord, en B, dé-

gagement d'hydrogène double en volume du dégagement d'oxygène sur A ; puis l'inverse a lieu.

On peut varier beaucoup ces expériences, suivant les décompositions électrolytiques que l'on
désire produire, mais la disposition expérimentale
reste sensiblement la même.

Cuve horizontale pour projections. — La
cuve employée pour les démonstrations précédentes est verticale ; il serait avantageux, dans
certains cas, de l'avoir horizontale (projections
d'insectes); c'est même nécessaire si l'on veut réaliser des expériences sur les corps flottants, sur le
magnétisme, etc. Divers constructeurs ont imaginé
un support à réflexion totale qui permet d'expérimenter sur une lame de verre, ou dans une cuve
horizontale placée par exemple en cc' (*fig.* 73).

Le support, qui coûte 20 francs, s'adapte à la
lanterne du constructeur, le schéma ci-contre en
indique les dispositions principales.

Le condensateur de la lanterne est dédoublé ;
pour cela, on dévisse le barillet, puis on le re-
monte en mettant seulement la lentille qui se
trouvait du côté de la lumière. La lentille retirée
du condensateur est placée en cc' sur l'ouverture
du support à réflexion totale.

L'objectif de l'appareil à projection est vissé en o
sur la monture du support, puis muni de sa glace
à 45° mm'.

Dans ces conditions, la lumière émanant de la

source est reçue par la lentille du condensateur ;
le rayon lumineux qui vient frapper le miroir MM′
est envoyé verticalement et éclaire les objets
transparents placés en *cc′*. Ce rayon passe ensuite
dans l'objectif, et redevient horizontal grâce à la
glace *mm′*.

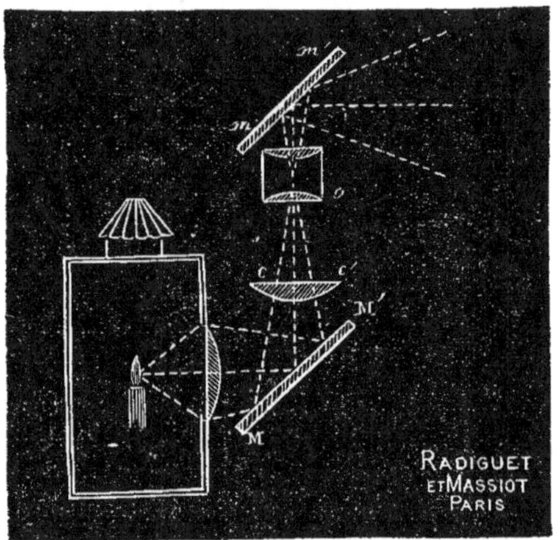

FIG. 73. — Support à réflexion totale (schéma).

Si l'on place, par exemple, un petit aimant en
cc′, par-dessus une lame de verre saupoudrée de
limaille de fer, et qu'on mette au point, on pourra
produire sur l'écran l'image d'un beau *spectre
magnétique ;* il suffira, pour le former, de frapper
à petits coups sur la plaque de verre afin de faci-

liter le mouvement d'orientation des particules de limaille.

Microscope pour projections. — Quelques constructeurs ont établi, pour les appareils scolaires de projections, des microscopes pouvant se

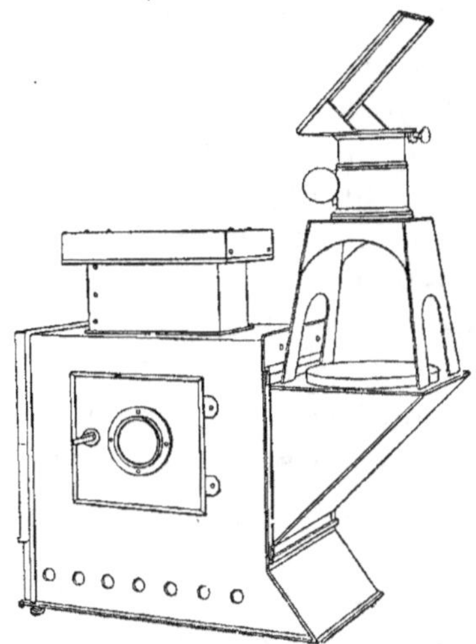

FIG. 74. — Support à réflexion totale monté sur sa lanterne.

substituer à l'objectif et donnant, avec l'une ou l'autre de nos trois sources lumineuses, des images suffisamment éclairées pour être perçues nettement à une distance de 3 mètres de l'écran. Le prix du microscope seul varie de 20 à 30 francs et l'on peut obtenir deux grossissements différents; pour projeter une aile de mouche, par exemple, on se sert du moindre grossissement; on emploie au contraire le plus fort si l'on veut montrer le phylloxera. Des préparations fort bien faites sont mises en vente au prix de 50 centimes pièce.

Projections des corps opaques. — Malgré tous les perfectionnements apportés aux appareils de projections, il a été impossible jusqu'ici d'obtenir, sur l'écran, des images suffisamment éclairées en employant, comme objet à projeter, des gravures ou des photographies ordinaires ou, d'une façon générale, des corps opaques.

Les *mégascopes*, les *aphengoscopes* ou, pour employer un terme plus simple, les *cônes à projection de corps opaques*, donnent des images qui ne peuvent être perçues nettement que par les cinq ou six personnes pouvant se placer à moins d'un mètre de l'écran. En général, la puissance éclairante est diminuée de plus des trois quarts ; dès lors, si l'auditoire dépasse une vingtaine de personnes, il convient d'employer l'un des genres de projections que nous venons de décrire.

Tours, Imprimerie Deslis Frères, 6, rue Gambetta.